Siegfried Bütefisch

AF184759

Der rote Fisch 3

Impulse für werbewirksame
Gestaltung und Kommunikation

Leitfaden 3
**Bild und Text –
mehr als nur Layout-Zutaten**

Zu diesem Leitfaden

Egal, ob es um Skripte, Präsentationen oder das Internet geht, viele sind heute zeitweilig Gestalter und Texter! Die Technik macht es uns heute so einfach wie noch nie – doch was meist fehlt, ist das Wissen um die Grundlagen. Wissen Sie, auf was es bei der Auswahl einer Schrift ankommt? Können Sie Fotos gut beurteilen? Schreiben Sie Texte so, dass diese gerne gelesen werden und die Botschaft ankommt? Wissen Sie um die Prinzipien der Überzeugung?

Machen Sie sich klar: Professionelle Gestalter, Fotografen und Texter haben ihr Handwerk gelernt oder studiert. Doch unsere Erfahrung zeigt, auch „Laien", die die Bereitschaft haben dazuzulernen, können ansprechende Ergebnisse erzielen. Hier setzt dieser Leitfaden an. Nach der Lektüre verstehen Sie, auf was es bei Abbildungen, bei Logos, bei der Schrift und beim Inhalt Ihrer Texte ankommt – und so erzielen Sie mehr Wirkung, wenn Sie demnächst wieder gestalten und texten. Ein weiterer positiver Nebeneffekt: Die Zusammenarbeit mit den Profis im Bereich Gestaltung, Kommunikation und Marketing gewinnt an Qualität. Sie konzentrieren sich dadurch auf die Dinge, die Sie können und lassen sich bei anderen Dingen unterstützen.

Zum Autor

Siegfried Bütefisch ist Dipl. Grafik Designer und Coach. Er begleitet, berät und trainiert Organisationen und Unternehmen im Bereich Marketing und Kommunikation.

Gemeinsame Beschäftigungen und Liebhabereien sind das Erste, worin sich eine Wechselseitige Übereinstimmung hervortut.

J. W. von Goethe

Werbung machen bedeutet die Fähigkeit, den reinen Pulsschlag des Unternehmens zu spüren, zu interpretieren und in Buchstaben, Papier und Tinte zu bringen.

Leo Burnett

Mit einem kurzen Schweifwedeln kann ein Hund mehr Gefühl ausdrücken, als mancher Mensch mit stundenlangem Gerede.

Louis Armstong

Die wichtigste Reise des Lebens könnte diejenige sein, bei der man jemand anderem auf halbem Wege entgegenkommt.

unbekannt

Das größte Geschenk, das ich einem anderen Menschen machen kann, ist, ihn zu sehen, ihm zuzuhören, ihn zu verstehen und ihn zu berühren. Wenn das gelingt, habe ich das Gefühl, dass wir uns wirklich begegnet sind.

Virginia Satir

Die Deutsche Nationalbibliothek verzeichnet diese Publikation in der Deutschen Nationalbibliografie, detaillierte bibliografische Daten sind im Internet über dnb.d-nb.de abrufbar.

3. Auflage 2015
© 2015 Siegfried Bütefisch, Schlaitdorf
Herstellung und Verlag:
BoD – Book on Demand, Norderstedt
Umschlag, Layout, Grafiken:
www.buetefisch.de,
Siegfried Bütefisch, Madeleine Stöhr
Weitere Abbildungen:
www.123rf.com/kurhan (Seite 15),
www.laziundlazi.com
Schrifzüge: Manuel Strehl (Seite 41 und 42)

Bütefisch Marketing und Kommunikation
www.buetefisch.de
ISBN 978-373-578-691-3

Inhalt

Vorwort	6
Weniger ist mehr – viel mehr	9
Ein Bild sagt mehr als 1000 Worte – manchmal	13
Was macht ein gutes Foto aus?	14
Wie kommen Sie an gute Bilder?	28
Was macht eine Grafik, ein Symbol, ein Logo gut?	30
Schrift – eine Erfolgsgeschichte	35
Begriffe run um die Schrift, die Sie kennen sollten	37
Die Form- und Wirkungsprinzipien der Schriften	39
Basiswissen Typografie	51
Das Potenzial der Sprache und Geschichten	63
Drei entscheidende Dinge für guten Text	65
Treffender, spannender Inhalt	66
Angemessene Struktur und Dramatik	67
Klare und verständliche Worte und Sätze	70
Von Storytelling zum Storybranding	76
Die Heldengeschichte gestern, heute und morgen	78
Texten fürs Internet	80
Nutzen Sie das Potenzial des Internets	80
Überzeugung und Verkauf	84
Die Psychologie der Einflussnahme und Manipulation	85
Fazit	88
Weiterführende Informationen	89
Weitere Leitfäden dieser Reihe	91

Vorwort

„Der rote Fisch" ist eine Sammlung von 7 Leitfäden, die jeweils ein abgeschlossenes Thema behandeln. Diese Leitfäden sind geschrieben für die Praxis, für „Macher" im Bereich Marketing und Kommunikation, also für

- Gestalter, Studenten und Auszubildende im Bereich Mediengestaltung
- Werbeleiter und Entscheider im Marketingbereich
- Alle, die mit Wörtern, Bildern, Medien und Ihrer Persönlichkeit Menschen erreichen, überzeugen und gewinnen möchten

In diesen Leitfäden bündelt sich meine 30-jährige Berufserfahrung als Gestalter, Werber, Trainer und Dozent. Es geht um Themen, die darüber entscheiden, ob Werbung ankommt und die Kommunikation mit der Zielgruppe gelingt. Erfolgreiche Werbung ist mehr als gelungene Mediengestaltung. So geht es nicht nur um die äußere Form, die Verpackung, sondern um Inhalt, um Bedürfnisse, um Spannung und Dramaturgie:

- Leitfaden 1
  Auffallen, informieren, überzeugen und bewegen
- Leitfaden 2
  Mit guten Ideen und Strategie zum Werbeerfolg
- Leitfaden 3
  Bild und Text – mehr als nur Layout-Zutaten
- Leitfaden 4
  Das 1x1 guter Gestaltung / Schwerpunkt Druckmedien
- Leitfaden 5
  Erfolg im Internet und in digitalen Medien
- Leitfaden 6
  Wirkung potenzieren durch Werbemix
- Leitfaden 7
  Kunden, Unterstützer und Sponsoren gewinnen

Alle diese Leitfäden in Taschenbuchform haben in der Druckversion zwischen 30 und 130 Seiten. Der Anspruch ist, in knapper und übersichtlicher Form Impulse für grundlegende Verbesserungen zu geben. Denn selten mangelt es an Worten. Es mangelt daran, Wissen umzusetzen – intelligent, zielstrebig, motiviert und zeitnah. Konzentrieren Sie sich deshalb auf das Wesentliche. Jede Kette ist nur so stark wie ihr schwächstes Glied. Machen Sie wenig, aber dieses gut. Dadurch erreichen Sie mit dem geringsten Aufwand die größte Wirkung. Das ist es, was gute Werbung ausmacht.

„Weniger ist mehr"

Doch „das Wenige" fällt niemandem in den Schoß. Das Wenige muss erarbeitet werden. Das Wenige kostet Zeit und zeigt Können. Das Wenige braucht Mut zur Entscheidung und Reduktion. An dieser Stelle ein Wort an alle Leserinnen: Bitte fühlen Sie sich wertgeschätzt, auch wenn ich auf weibliche Anredeformen verzichte. Wirklich konsequentes „gendern" (ein Beispiel für ein unschönes Wort) macht kurze Formulierungen unmöglich. Müsste ein Bürgersteig nicht auch Bürgerinnensteig genannt werden? Wird einer Zimmerfrau eher ein Staubwedel als ein Hammer zugestanden? Ich glaube, Achtung sollte sich anders ausdrücken als durch verquere, politisch korrekte Formulierungen. Genauso wenig braucht es Anglizismen und „Werbesprech", um Kompetenz auszudrücken.

Die Qualität einer Lektüre misst sich an der Wirkung

Diese Leitfäden sind nicht geschrieben um sich zurückzulehnen, sondern um die Ärmel hochzukrempeln. So sind die „Roten Fische" Bücher der Tat – ähnlich Workshops, nur in Buchform mit Übungen, Reflektionen, Links und Inspirationen. Sie sind geschrieben, um Ihre Sinne zu schärfen. Lassen Sie sich darauf ein, mit Intuition, Intellekt und Herz. Viele Wege führen zum Ziel, finden Sie den Ihren. Profitieren Sie von bewährten Regeln und Prinzipien und nutzen Sie Ihre Freiheit, um sie kreativ zu interpretieren:

„Man sollte die Regeln kennen, die man bricht."

Noch etwas Persönliches

Viele Dinge verändern sich rasant – besonders unsere Möglichkeiten der Kommunikation. Wer heute und morgen Erfolg haben möchte, muss umlernen. Und manchmal schließt sich der Kreis und alte Prinzipien gewinnen wieder an Bedeutung.

Schon vor 900 Jahren sagte Bernhard von Chartres im Bezug auf Wissen und Bildung:

> *„… wir sind gleichsam Zwerge, die auf den Schultern von Riesen sitzen, um mehr und Entfernteres als diese sehen zu können – freilich nicht dank eigener scharfer Sehkraft oder Körpergröße, sondern weil die Größe der Riesen uns emporhebt."*

So fühle ich mich trotz 194 cm Körpergröße gerne als Zwerg und danke allen, die mich durch ihr Wissen belehrt, durch unsere Begegnungen bereichert, durch ihr Lob ermutigt, durch ihre Kritik aufmerksam gemacht und mit ihrem Lachen angesteckt haben. Eingeschlossen alle, die ich nicht persönlich kenne, dafür aber ihre Bücher, ihre Arbeiten, ihre Ideen, ihre Gedanken, ihre Kunst. So empfinde ich die Vielzahl der heute verfügbaren Informationen und Medien sehr wohl als Geschenk – ein Geschenk, mit dem wir alle lernen müssen umzugehen, um uns in dieser Vielfalt nicht zu verlieren.

Und ich danke auch Ihnen – im Voraus für Ihr Feedback, Ihre Kritik und Ihre Anregungen zu diesem Leitfaden.

Siegfried Bütefisch

Weniger ist mehr – viel mehr

Wer das Vorwort gerade gelesen hat, wundert sich vielleicht über die Wiederholung. Aber die Maxime „Weniger ist mehr" hat eine überaus große Bedeutung für die Gestaltung. Deshalb gilt:

Wer die Maxime „Weniger ist mehr" beherzigt, fotografiert, schreibt und gestaltet besser. So wird Ihre Werbung erfolgreicher – garantiert.

Denn Einfaches, Unkompliziertes ist „gehirngerecht", bleibt besser „hängen". Am „Weniger" zeigt sich Professionalität, denn das „Weniger" muss oft hart erarbeitet werden. „Weniger" kostet Zeit und Können!

Am Anfang war das Chaos

So oder ähnlich beginnen viele Schöpfungsmythen. So ähnlich beginnt meist auch der kreative Schöpfungsakt: Die Gedanken sind unsortiert, viele Möglichkeiten stehen noch offen, Ideen konkurrieren. Gestalten heißt ordnen, in Beziehung setzen, entscheiden, weglassen – egal ob es um Texte, Bilder oder die Gestaltung an für sich geht. Aus „Mehr" wird „Weniger", die Spreu wird entfernt, das „Nahrhafte" bleibt übrig. „Weniger ist mehr" inspiriert zu Qualität, zum Ringen um ein gutes Ergebnis.

So sagte der Schriftsteller Antoine de Saint-Exupéry:

„Perfektion ist nicht dann erreicht, wenn man nichts mehr hinzufügen, sondern wenn man nichts mehr weglassen kann"

Der berühmte Architekt Heinrich Tessenow formulierte:

„Das Einfache ist nicht immer das Beste.
Aber das Beste ist immer einfach."

Und Albert Einstein schrieb:

*„Mache die Dinge so einfach wie möglich –
aber nicht einfacher."*

Wenn Sie ein professionelles Ergebnis anstreben, vergessen Sie niemals:

*Machen Sie Ihre Werbung einfach – machen Sie es sich damit
aber nicht zu einfach!*

 **Abstand vergrößern, Überblick gewinnen**

Nehmen wir an, Sie gestalten gerade eine Drucksache. Verändern Sie die Perspektive. Nehmen Sie Abstand von Ihrem „Werk". Betrachten Sie es aus 2 Meter Entfernung. Was fällt Ihnen nun auf? Welche Informationen gehen verloren? Vergrößern Sie den Abstand weiter – und dann noch weiter. Und stellen Sie sich immer die Fragen neu.

Ziemlich sicher wissen Sie nun,

> was Sie weglassen und reduzieren können
> welche Dinge mehr Aufmerksamkeit verdienen
> was zusammenpasst und was nicht
> ob Ihre Abbildungen wirken (und damit sind wir beim nächsten Kapitel)

 **Viel oder wenig, unordentlich oder aufgeräumt**

Stellen Sie sich Folgendes vor und empfinden Sie Ihre Stimmung

> in einer Designerwohnung
> in einer Bahnhofshalle
> auf einer Blumenwiese
> in einem Messihaushalt
> auf einem Flohmarkt
> bei Ansicht eines weißen Blatts Papier mit nur einem Wort darauf
> in einer Wüste

Sie merken, Stimmung hat mit der Art, der Menge und den Beziehungen der Dinge untereinander zu tun. So hat ein bewusst mit vielen Dingen dekorierter Raum eine ganz andere Wirkung als eine Kruschtelecke mit den gleichen Dingen. Nutzen Sie diese Erkenntnis für Ihre Werbung.

Eine High-End Hifi-Anlage hat meist nur einen großen Regler, der billige Gettoblaster viele Knöpfchen und Schalter, die dazu noch blinken.

Überlegen Sie: Was wirkt edel, was kalt, was wertig, was billig?

Analysieren Sie unter diesem Aspekt verschiedene Werbemedien – auch Ihre eigenen. Passt die Wirkung zur werblichen Absicht? Wäre nicht weniger mehr?

Weniger ist mehr.

Ein Bild sagt mehr als 1000 Worte – manchmal

Egal ob es um Fotos, Infografiken, Illustrationen, abstrakte dekorative Dekors, Symbole, Logos, Gemälde etc. geht, bildhafte Darstellungen (nennen wir der Einfachheit halber alles „Bilder") wirken stark auf unser Unterbewusstes. Gute Bilder sind nicht nur ästhetisch, sie erzählen Geschichten, regen an zu Assoziationen und berühren emotional tief.

*Die Bildsprache ist eine Sprache –
eine nonverbale, universelle Sprache!*

Noch nie war es so einfach, Bilder herzustellen oder an Bilder zu kommen (bitte immer legal ohne Urheberrechte zu verletzen, dazu später mehr). So leben wir heute in einer Zeit der nie gekannten Bilderflut. Wie schnell ist heute ein (Handy)Foto gemacht und verschickt? Wie schnell wird über die Bildersuche im Internet ein bestimmtes Motiv gefunden (auch zu den Recherchemöglichkeiten gleich mehr)? Wie schnell ist heute eine Grafik am Computer erstellt? Wie einfach bringt man heute „Bilder zum Laufen"? Diashows mit Überblendungen und leichter Bewegung, Animationssequenzen und Videoclips sind heute viel schneller als früher erstellt und kosten nicht die Welt. So gehören auch bewegte Bilder zur unserer alltäglichen Bildsprache.

Verdeutlichen wir es an einer Zeitreise: Noch vor 100 Jahren war jedes Foto mit immens viel Aufwand verbunden und teuer. Dementsprechend sorgfältig wurde das Motiv arrangiert. Fotografieren konnten nur Fotografen. Ein Foto so nebenbei, quasi zum Nulltarif, war weder denkbar noch möglich. Heute haben wir technische Möglichkeiten, von denen selbst Profis noch vor 20 Jahren nicht zu träumen gewagt haben. Das betrifft nicht nur die Kameras, sondern auch die Möglichkeiten der Bildbearbeitung und Bildmanipulation. Ist deshalb die Menge der guten Bilder größer geworden? In der Summe sicherlich, doch gleichzeitig wächst die Menge der schlechten Bilder mit.

Man sieht, nicht die Technik alleine macht ein gutes Bild aus:

Es kommt auf das Auge und Können des Fotografen bzw. Gestalters an.

Auf den nächsten Seiten geht es konkret darum,

- was ein gutes, (werbe)wirksames Bild ausmacht
- auf welche Dinge Sie achten sollten um (noch) bessere Bilder zu gestalten
- wie Sie gute Abbildungen einkaufen und was dabei zu beachten ist

Sie werden auch von Band 4 dieser Leitfadenreihe „Das 1x1 der guten Gestaltung" profitieren, vorausgesetzt Sie möchten noch tiefer einsteigen.

Was macht ein gutes Foto aus?

Im Folgenden einige Dinge, die Sie wissen und beachten sollten – egal ob Sie Fotos bewerten, aussuchen oder ob Sie selbst fotografieren. Bewusst haben wir bei den Bildbeispielen wenig „perfekte" Fotos ausgewählt. Das entspricht dem Alltag eines Gestalters.

Aufmerksamkeitsfokus:

Menschen reagieren am stärksten auf Augen. Das ist unser „wildes" entwicklungsgeschichtliches Erbe. Unsere Aufmerksamkeit wird von Augen förmlich angezogen. Die Augen- und Gesichtsmimik nutzen wir zu unserer „Freund-Feind-Kennung". Das geschieht in einem Sekundenbruchteil. So fesseln Gesichter in Großaufnahme unsere Aufmerksamkeit im Gegensatz zu Gruppenaufnahmen mit Köpfen in Stecknadelgröße. Denken Sie deshalb, nicht nur wenn es um Bilder geht, an den „Wilden in uns". Überlegen Sie jetzt auf was Sie schauen, wenn Sie jemandem begegnen. Die Fixierung auf die Augen gilt übrigens auch für Tiere.

Die Schärfe liegt genau im Bereich der Augen. Schnauzenspitze und Ohren sind schon in der leichten Unschärfe. Der Hintergrund ist deutlich unscharf.

Die Wirkung des Bildes steigt mit der stärkeren Fokussierung auf das Gesicht, auf die Augenpartie.

Blickrichtung und Perspektive:

In welche Richtung jemand blickt, hat große Bedeutung. Als Betrachter folgen wir dem Blick des Abgebildeten. Wir verlängern unbewusst die Blickachse. So entstehen Bildachsen, die über das Motiv hinausführen und ein wichtiges Gestaltungsmittel sind. Bei einem Plakat z. B. ist die optimale Position der Überschrift genau an der Stelle, zu der die Person hinschaut.

Auch die Bildperspektive hat Einfluss. Am stärksten ist die Wirkung, wenn die Bildperspektive auf Augenhöhe ist, und wir unmittelbar das Gefühl haben, angeschaut zu werden. Ein weiterer wichtiger Aspekt betrifft die Horizontlinie und die perspektivische Verzerrung. Wenn nicht bewusst anders gewollt, achten Sie darauf, dass der Horizont eines Bildes gerade verläuft, das Bild nicht kippt. Dynamik lässt sich beispielsweise dann mit einer diagonalen Bildachse erzeugen und nicht (manche finden das modern) über kippelnde Bilder.

Noch ein Wort zu Bildverzerrungen: Stürzende Linien z. B. bei der Architekturfotografie sind meist störend und sollten durch die Bildbearbeitung korrigiert werden. Ähnliches gilt für Objektivverzerrungen, die einen sogenannten Kisseneffekt erzeugen, d. h. gerade Kanten sind nach innen oder außen gebogen abgebildet. Auch das lässt sich mit entsprechender Bildbearbeitungs-Software einigermaßen gut korrigieren.

Links das Original – ein prinzipiell spannendes Bild aber mit fotografischen Mängeln (z. B. die starken Schatten im Gesicht, die verzerrte Perspektive). Beim Bild rechts wurde die Horizontlinie angepasst sowie die Perspektive der senkrechten Linien korrigiert. Zusätzlich wurde der Bildausschnitt passender gewählt.

Schärfe:

Ein gutes Foto muss nicht überall scharf sein, im Gegenteil. Durch die bewusst eingesetzte Tiefenschärfe (oder auch Schärfentiefe) gelingt es, den Blick des Betrachters auf bestimmte Bildelemente zu lenken. Bei professionellen Portraitsfotos liegt die maximale Schärfe beispielsweise auf den Wimpern. Schon die Nasenspitze und die Haare sind leicht in der Unschärfe. Der Hintergrund ist bereits deutlich in der Unschärfe. Das fokussiert den Blick auf die Augen und die Haare wirken weich.

In der Sportfotografie wird bewusst mit der anderen Art der Unschärfe, der Bewegungsunschärfe gespielt. Das verstärkt die Dynamik der Bewegung.

Das Gegenteil ist das Einfrieren einer schnellen Bewegung, um dadurch einen ungewöhnlichen Bildeindruck zu vermitteln. Das Spiel mit Schärfe und Unschärfe ist eines der wichtigsten Gestaltungselemente. Vertiefen Sie hier am besten einmal Ihre Kenntnisse. Googlen und ein gutes Fotobuch bringen Sie weiter.

Hintergrundunschärfe betont den Vordergrund bei dieser Reportageaufnahme.

Foto: Nikola Lazi

Farbe und Farbstimmung:

Das menschliche Auge kann Millionen von Farben unterscheiden. Unsere Welt ist bunt! Sie kennen sicher Fotos, die irgendwie schmutzig gedämpft oder andere, die unecht bunt wirken. Hier stimmen die Farben nicht mit dem überein, was wir für echt halten. Entweder ist die Farbsättigung zu stark (die Farben sind zu knallig) oder die Farben sind zu wenig differenziert und eingegraut bzw. eingeblaut. Flaue Fotos enthalten zu wenig unterschiedliche Farbtöne.

Am Beispiel eines Schwarzweißfotos (Schwarz und Grau sind in diesem Zusammenhang auch Farben) erkennen Sie am besten, dass ein gutes Foto viele verschiedene Helligkeitsabstufungen enthält. Als Gestaltungsmittel eingesetzt kann man auch bewusst mit wenigen Helligkeitsabstufungen spielen, wie z. B. bei einer Nebelaufnahme im Winter.

Das Thema Farbtöne, Helligkeitswerte, Sättigung, Kontraste in einem kurzen Abschnitt abzuhandeln ist nicht möglich. Aber Ihr Auge, Ihr Gefühl kann ein technisch gutes von einem schlechten Foto unterscheiden. Sie müssen auch nicht Klavier spielen können, um einen Meisterpianisten von einem Anfänger unterscheiden zu können. Nutzen Sie deshalb am besten nur Fotos, die ästhetisch und natürlich angenehm wirken. Wirklich schlechtes Fotomaterial lässt sich nur mit Mühe wirklich gut korrigieren.

Zur Farbstimmung: Farben an sich haben Wirkungen auf uns. Ein leuchtendes Rot weckt andere Gefühle als ein tiefes Blau. Die Stimmung eines gelben Rapsfeldes ist eine völlig andere als die Stimmung einer grasgrünen Wiese. Setzen Sie Bilder gezielt ein, um Stimmungen des Textes zu verstärken. So potenziert sich die Wirkung der Aussage und die Wirkung des Bildes.

Das erste Bild ist flau, das zweite Bild genau richtig und das dritte Bild ist übersättigt.

Spannungskontraste und Bildachsen:

Hell und dunkel, scharf und unscharf, leicht und schwer, bunt und grau, Fläche und Struktur. Kontraste und bewusste Gegensätze bewirken Spannung. Denken Sie zurück an die Bildachsen. Entwickeln Sie ein Gespür für Bildachsen – aber bedenken Sie, dass zu viele Bildachsen ein Bild unruhig machen. Spannung geht verloren. Dagegen macht eine einzige Bildachse ein Bild „aufgeräumt" und klar. Eine einzige diagonal ansteigende Bildachse hat eine starke dynamische Wirkung.

Bildkomposition und Drittregel:

Die Gewichtung der verschiedenen Bildelemente entscheidet über die inhaltliche und ästhetische Gesamtwirkung. Denken Sie an die Einleitung. Weniger ist mehr. Eine gelungene Komposition macht das Bild klar und verständlich. Das Auge findet einen Bezugspunkt. Ein wichtiges Prinzip für eine spannungsreiche und zugleich ausgewogene Komposition ist der goldene Schnitt (wenn der Mathematikunterricht zu weit zurückliegt, einfach nach goldener Schnitt googlen). Wir können es uns aber noch einfacher machen: Für eine gute Bildkomposition teilen Sie Ihr Bild vertikal und horizontal in 3 gleiche Felder. In den Schnittpunkten der jeweiligen Drittel sind wichtige, prägnante Bildelemente immer gut aufgehoben. Am besten Sie achten schon beim Fotografieren auf diese Drittelregel.

Möchten Sie einen ruhigen statischen Eindruck erzielen, dann platzieren Sie das wichtigste Bildelement genau in der Mitte, genauer gesagt etwas oberhalb der Mitte. Sonst wirkt es zu tief. Und auch hier gilt, wie in der Einleitung schon geschrieben: Man sollte die Regeln kennen, die man bricht.

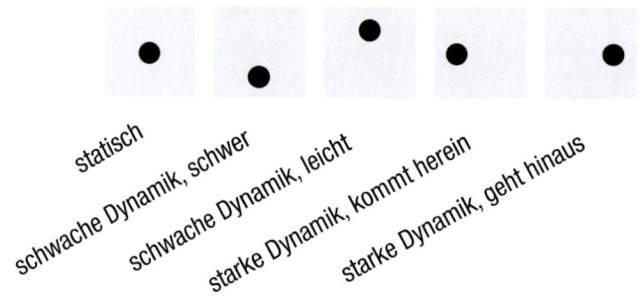

Emotion:

Wie schon angedeutet: Abbildungen von Menschen lösen im Allgemeinen die stärksten Emotionen in uns aus. Starke Wirkung auf uns haben zudem Abbildungen von Tieren. Auch Naturmotive und Landschaften berühren uns besonders, ebenso wie Motive, die für Kraft, Reichtum und Schnelligkeit stehen. Denken Sie zurück an den „Wilden" in uns.

Sex sells, Emotionen verkaufen.

Selbstverständlich müssen diese Emotionen zum Inhalt passen. Gute Bilder stellen Bezug zu unseren Gefühlen und Bedürfnissen her. Gute Bilder wecken starke Emotionen. Und der „Wilde" in uns hat ähnliche Bedürfnisse wie in der Steinzeit: Begehren, Stärke, Schutz, Wohlempfinden, satt werden u. Ä.

Betrachten Sie künftig bewusster gute (von schlechten lernen Sie auch!) Bilder. Motive werden grundsätzlich so in Szene gesetzt, dass emotionsstarke Bildelemente die Gesamtwirkung noch verstärken. Ganz besonders deutlich wird das in der Werbefotografie. Sie können sich nun sicherlich die Kombination von Auto mit Landschaft, Raubkatze oder Dame erklären. Übertreiben Sie die Kombination von emotionsstarken, aussagekräftigen Bildelementen aber nicht. Beschränken Sie sich auf wenige Bildelemente. Sie ahnen sicher, welche Maxime wieder nun wieder kommt: Weniger ist mehr.

Authentizität:

Wir haben ein gutes Gespür für die Echtheit von Gefühlen. Das ist für uns überlebenswichtig, um einigermaßen unbeschadet durchs Leben zu kommen. Wir erkennen – meist unbewusst – an der Körperhaltung und Mimik, ob ein Gefühlsausdruck authentisch oder nur gespielt ist.

Nur ein echtes, ungezwungenes Lachen steckt an.

Das gilt für alle Emotionen. Bewerten Sie Ihre Bilder deshalb kritisch, ob sie glaubhaft sind oder nicht. Werben heißt Vertrauen aufbauen und das wird schwierig mit nicht glaubhaften Bildern. Vielleicht denken Sie einmal an die typischen Agenturfotos „glückliche Familie mit gesunder Oma und dynamischen Opa in schönster Landschaft bei bestem Wetter" – das ist immer mehr schöner Schein als glaubhaft. Aber manche möchten sich gerne verführen lassen … Oder Sie spielen ganz bewusst mit dem Künstlichen, dann wird es vielleicht echt gut.

Ausschnitt, Format:

Nutzen Sie die Möglichkeit, die Bildwirkung zu steigern, indem Sie den optimalen Bildausschnitt wählen. Zwar wird ein guter Fotograf immer bestrebt sein, schon bei der Aufnahme den optimalen Ausschnitt zu wählen, doch in den meisten Fällen lohnt es sich, Format und Ausschnitt noch gezielt anzupassen und zu optimieren.

Auch das Bildformat allein hat schon Bedeutung. Ein Hochformat wirkt anders als ein Querformat. Ein quadratisches Bild anders als ein ovales, rundes oder schräg platziertes. Experimentieren Sie und empfinden die unterschiedliche Wirkung hinsichtlich Dynamik und Bildaussage. Sie werden überrascht sein, wie die gezielte Formatveränderung die Wirkung des Bildes steigert oder schwächt. Manchmal lohnt es sich, störende Bildelemente wegzuretuschieren. So kann beispielsweise bei einer Gruppenaufnahme der Arm einer „weggeschnittenen" Person die Bildkomposition stören. Wird der „nicht mehr benötigte" Arm entfernt, gewinnt das Bild.

Noch ein Beispiel für eine „Mängelkorrektur" eines nicht professionellen Fotos: Die Motividee ist stimmig, aber einige Dinge stimmen trotzdem nicht: der schiefe Horizont, die zu dunkle Person, zu wenig Farbtöne und auch die Helligkeit des Bildes insgesamt. Zunächst wird der Horizont gerade gestellt.

Nun wird das Bild beschnitten und die Farben und die Helligkeit angepasst. Dabei wird der Himmel und der Sportler getrennt bearbeitet. Mit einer Korrekturmaske wird erreicht, dass nur der Sportler aufgehellt werden kann und dabei der Himmel bzw. die Wolken nicht zu hell werden.

Kein Bild steht für sich alleine. Denken Sie bei der Auswahl eines Bildes deshalb schon an den Hintergrund und an das Layout-Umfeld. Wenn Sie verschiedene Bilder verwenden, sollten diese miteinander harmonieren.

Kriterien dafür können alle bisher beschriebenen Aspekte eines Bildes sein: die Farben, der Stil, die Perspektive, die Formate. Grundsätzlich gilt: Es ist besser weniger Bilder, die dafür aber in guter Qualität, zu verwenden.

Verfremdung:

Heute ist es durch die Möglichkeit der digitale Bildbearbeitung recht einfach geworden, Bilder zu verfremden. So können Bildeindrücke entstehen, die das Wesentliche des Motivs herausstellen. Die Gefahr dabei: Nicht so gute Fotos werden „aufgehübscht" statt für die Qualität des Ausgangsfotos zu sorgen.

Das typische Rot des Oldtimers kommt durch die Bildbearbeitung noch besser zur Geltung. Indem nur der Vorgang des Ankickens gezeigt wird und der Kopf des Fahres bewusst abgeschnitten wurde, gewinnt das Motorrad an Bedeutung.

In diesem Beispiel wird ein Bildmotiv, das schwierig zu fotografieren gewesen wäre, im Komposing „gebaut". Mülleimermann und Müllkippe waren separate Fotos und wurden zusammenkopiert.

 **Tipp:**

Schauen Sie mit diesem Wissen künftig Bilder bewusster an. Sie finden im Internet eine Vielzahl guter Fotos zu den unterschiedlichsten Bereichen (Links im Anhang). Blättern Sie bewusst durch Bildbände und analysieren Sie gezielt Werbefotos. Vergleichen Sie Profiaufnahmen mit selbstgemachten Bildern.

Gehen Sie mit einem Fotografenauge durch die Welt. Seien Sie auf der Suche nach interessanten Motiven und Eindrücken. Dazu braucht es nicht einmal eine Kamera. Ihre „Kopfkamera" reicht. Übrigens auch „Kopfkino" funktioniert.

Wie kommen Sie an gute Bilder?

Nun können Sie sicherlich schon gut beurteilen, welches Bild besser und welches schlechter ist. Und wie fast immer im Leben gilt: Qualität kostet mehr als Ramsch.

Übrigens gilt das, was wir für Fotos beschrieben haben, auch in ähnlicher Weise für Illustrationen, Grafiken, animierte Clips und andere Multimediadateien. Also, wie kommen Sie an gute Bilder?

Fotograf beauftragen:

Die beste Methode an sehr gute Bilder zu kommen ist, Sie beauftragen einen professionellen Fotografen. Sie bekommen dann genau die Bilder, die Ihrer Vorstellung entsprechen. Das ist oft besser, denn ein Profi hat das Auge! Die Bilder sind dann exklusiv, einzigartig und optimal zum Thema passend. Doch das wird Sie einiges kosten und zugleich müssen Sie für den Fototermin einige Zeit aufbringen. Tagessätze professioneller Fotografen liegen zwischen 1000 und 2000 Euro. Bei aufwändiger Studiofotografie wird dieser Preis weit überschritten.

Klassische Bildagenturen:

Bildagenturen vertreten sehr gute Fotografen. Dementsprechend hoch ist die Qualität. Sie haben eine sehr große Auswahl von Bildmotiven und die Motive sind sofort verfügbar. Die Lizenzgebühr richtet sich nach dem Anwendungsbereich, der Auflage, der Region, der Nutzungsdauer u. Ä. In dieser Zeit dürfen Sie das Bild exklusiv nutzen. Die Lizenzgebühren sind meist erheblich. Unter Umständen kann es sich sogar lohnen, einen Fotografen selbst zu beauftragen.

Um sich einen Überblick über die Auswahl und Qualität zu verschaffen, googeln Sie nach klassischen Bildagenturen oder gezielt nach den Bildagenturen wie Corbis oder Getty Images.

Bildagenturen für lizenzfreie Bilder:

Der Markt für lizenzfreie (das heißt aber nicht kostenlose!) Bilder entwickelt sich explosionsartig. Die auch Royality free genannten Lizenzen sind unabhängig vom Anwendungszweck, des Anwendungszeitraumes und der Auflage. Die Preise für diese Bilder beginnen schon unter 1 Euro, der Betrag staffelt sich nach der Bildgröße. Ein Beispiel: Kostet ein Bild in der Größe und Auflösung (72dpi) für das Web 1 Euro, kostet das gleiche Motiv in der Größe und Druckauflösung (300dpi) vielleicht 10 Euro.

Diese Agenturen präsentieren Ihre Angebote weltweit auf benutzerfreundlichen Internetportalen. Das macht die Suche und den Einkauf einfach. Lesen Sie immer die Nutzungsvereinbarungen durch. Die Nutzungsrechte schließen/schränken manchmal eine kommerzielle Nutzung aus und erlauben nur eine redaktionelle. Manchmal sind die Bearbeitungsrechte eingeschränkt, d. h. Sie dürfen die Bilder nicht verändern, z. B. als Ausgangsmotiv für eine Kollage oder Bildkomposition verwenden.

Googeln Sie nach lizenzfreien Bildern oder gezielt nach den Bildagenturen im Anhang.

Es gibt dazu auch einige Anbieter, bei denen die Fotos nichts kosten. Grundsätzlich gilt aber, je besser das Angebot und die Qualität umso mehr wird ein Bild kosten.

Suche im Netz:

Prinzipiell können Sie über die Google-Bildsuche Bilder finden. Aber wie schon gesagt, Sie dürfen die gefundenen Bilder nicht einfach nutzen. Sie können Ihre Suchergebnisse nachrecherchieren. Dann wissen Sie woher die Bilder kommen und wer die Urheberrechte besitzt. Wenn Sie wollen, können Sie dann mit dem Urheber oder Lizenznehmer Verhandlungen über die mögliche Nutzung führen. Noch einfacher machen Sie sich die Google Suche, wenn Sie zu dem Suchbegriff das Wort „stock" (Bezeichnung für Agenturbilder) angeben. Dann präsentiert Ihnen Google überwiegend

Bilder von Bildagenturen, die lizenzfreie und lizenzpflichtige Bilder anbieten. Mit einem Klick sind Sie dann schon auf der Seite des jeweiligen Anbieters.

Fazit:

Nie war es so einfach an gute Bilder zu kommen wie heute. Die internetgestützte Suche ist einfach und spart viel Zeit. Achten Sie aber bitte auf die Qualität, darüber wissen Sie nun ja schon einiges.

Und es wurde schon angerissen:

> *Es ist wie überall: Was weniger kostet, ist weniger wert.*
> *Und nicht alles was teuer ist, ist wirklich das Geld wert.*

Sie müssen entscheiden, wie wichtig für Sie die Exklusivität der Motive ist und welches Budget Sie für die Bilder einsetzen. Vergessen Sie dabei nicht: Ein Bild kann mehr als tausend Worte sagen, kann den Unterschied machen, ob Ihre Werbung ankommt oder nicht! Und dann ist der Preis relativ und billig nicht unbedingt preis*Wert*.

Was macht eine Grafik, ein Symbol, ein Logo gut?

Bis jetzt haben wir stark auf Fotos Bezug genommen. Doch „Bild" ist mehr. Auch Gezeichnetes, Gemaltes und digital Erstelltes sind Bilder. Auch diese Motive können große Wirkung haben. Hier tritt das Künstlerische manchmal stärker in den Vordergrund als beim Realismus einer Fotografie.

Grafiken können Inhalt oft noch klarer und treffender visualisieren. Bei Grafiken ist es einfacher, Wichtiges größer zu machen und Unwesentliches wegzulassen. Bei Infografiken kann die Textinformation im Bild die Aussagekraft noch verstärken. Um die Qualität einer Grafik besser beurteilen zu können, hilft uns der bekannte Gestaltungsleitsatz:

Form follows function.
Die Form folgt der Funktion.

Das heißt konkret: Die Form, die Gestaltung von Dingen soll sich aus ihrer Funktion, ihrem Nutzungszweck ableiten. So kann man im Umkehrschluss aus jeder Form eine Funktion ableiten. Für ein Produkt erschließt sich der Nutzen dieses Gestaltungsleitsatzes sofort. Ein Lichtschalter, den ich als Lichtschalter erkenne, hat ein besseres Design.

Um das auf eine Grafik zu übertragen, stellen Sie sich zunächst die Frage, was Sie mit der Grafik bezwecken wollen: Was soll der Betrachter davon haben, welcher Nutzen steht im Vordergrund?

Damit umgeht man die Versuchung, zuviel in einer Grafik unterbringen zu wollen. Besser ist es, komplexe Sachverhalte auf verschiedene Grafiken zu verteilen, statt eine unübersichtliche zu erstellen. Elektronische Medien bieten die Möglichkeit interaktive Grafiken einzusetzen. So kann mit Roll-Over- und Überblendeffekten eine höhere Informationsdichte erreicht werden, ohne dass die Übersichtlichkeit leidet.

Die Kernaussage einer Grafik sollte immer schnell erfasst werden und gut visualisiert sein. Damit sind wir schon bei der Form. Die Gestaltung der Grafik richtet sich nach dem Inhalt. Ein weniger ernster Inhalt kann spielerischer umgesetzt werden als eine Grafik, bei der es um Daten und Fakten geht. Das beeinflusst die Wahl der Farben, der Schriften, der Elemente. Aber – gerade Zahlen, Daten und Fakten können und sollten emotional „verpackt" werden. Denn wahrnehmungspsychologisch ist es wichtig, trockene Inhalte emotional aufzuladen, damit sie MERKwürdig werden. Eine gute Möglichkeit ist es, metaphorische Bildmotive mit Text zu verbinden. Der Übergang von einer Grafik zu einer gestalteten Seite ist fließend.

Form follows function bedeutet nicht, auf Ästhetik und jegliches „Beiwerk" zu verzichten – es bedeutet, dass die Ästhetik kein Selbstzweck ist, sondern „dienende" Funktion hat.

Folgende Symbole gilt es zu unterscheiden

Ein Symbol ist „eingedampfte" Bedeutung. Ein gutes Symbol bringt den Inhalt auf den Punkt. Ein gutes Symbol ist einfach, schnell zu erkennen und prägnant. Es ist so treffend, dass es selbst in der Variation erkennbar bleibt. Das Piktogramm „Toilette" kann trotz unterschiedlichster Darstellung erkannt werden. Das ist auch notwendig, wenn schnell ein „stilles Örtchen" gefunden werden muss. So sind bestimmte Symbole eine universelle, allgemeinverständliche Sprache.

Logos:
Darunter versteht man Wortbildmarken, also ein Symbol plus Text.

Logogramme bzw. Icons:
Darunter versteht man ein Symbol als Wortersatz.

Piktogramme:
Darunter versteht man ein Symbol als Begriffsersatz, der Inhalt erschließt sich assoziativ.

Ideogramme:
Darunter versteht man ein Symbol, das im Vergleich zum Piktogramm nicht so eindeutig assoziativ ist.

Gute Logos haben Charakter

Deshalb können gut gemachte Symbole und Logos für eine bestimmte Unternehmens- und Kommunikationskultur stehen. So ein gutes Symbol schüttelt man aber nicht aus dem Ärmel. Logoentwicklung braucht Zeit. Bei einem Logo kommt es auf jedes Detail an. Logoentwicklung heißt, Beiwerk zu reduzieren, um den Symbolcharakter zu stärken. Sie wissen was jetzt kommt? Weniger ist mehr. Es gilt, was einer meiner Professoren, der Typograf Kurt Weidemann, einmal gesagt hat:

„Ein Logo ist dann gut, wenn man es mit dem großen Zeh in den Sand kratzen kann."

Zudem muss ein Logo auch noch anderen Anforderungen genügen. Es muss sowohl in groß und klein, in Farbe und in schwarz-weiß funktionieren. Ein Logo muss drucktechnisch (z. B. bei einem Stempel oder auf einem Werbemittel) gut umzusetzen sein. Dazu muss ein Logo zeitlos sein, denn ein Logo wechselt man nicht wie eine Mode.

Lassen Sie diese Gedanken auf sich wirken, bevor wir zum nächsten Kapitel kommen, das wieder viel mit Symbolen zu tun hat. Denn unsere heutige Schrift hat sich aus einer Symbolschrift heraus entwickelt.

Schrift – eine Erfolgsgeschichte

Die Schrift ist eine der großen Kulturleistungen der Menschheitsgeschichte. Mit Schrift können wir unsere Gedanken mitteilen ohne ein direktes Gegenüber zu haben. Wir können kommunizieren ohne zu sprechen. Mit Schrift, mit Buchstaben, Zahlen, Formelzeichen und Symbolen können wir selbst Kompliziertes mitteilen.

Wer Schrift „versteht" kann besser gestalten.

Deshalb an dieser Stelle ein kurzer Ausflug in die Menschheitsgeschichte, in die Gegend von Mesopotamien. Hier liegt der Ursprung unserer abendländischen Schrift.

 **Ist unsere Schrift eigentlich schön?**

Schrift verbindet Funktion und Ästhetik.

Betrachten Sie einmal das Schriftbild einer Buch- oder Prospektseite ganz unvoreingenommen. Stellen Sie sich folgende Fragen:

Sind die Buchstabenfolgen wirklich harmonisch? Gibt es „Löcher" zwischen verschiedenen Buchstaben? Gibt es für Sie schönere und weniger schöne Buchstaben?

Wahrscheinlich erkennen Sie einige ästhetische Unzulänglichkeiten, an die wir uns einfach gewöhnt haben. Den Grund dafür werden Sie gleich verstehen.

Eine kurze Geschichte der Schrift

Die frühesten Formen der Schrift werden in das 5te Jahrtausend vor Christi datiert. Diese frühen Schriftzeichen waren Ideogramme. Einem bestimmten Begriff oder Vorgang wurde ein bestimmtes Symbol zugeordnet. Das bedeutete, dass es eine große Menge an Zeichen geben musste um zu kommunizieren. Übrigens wurden mit diesen frühen Zeichen keine Geschichten erzählt, sondern es ging um ganz praktische Dinge. Es ging um Verwaltungsdinge, um Landwirtschaft, um Geld und Zinsberechnung.

Durch jahrhundertelange Weiterentwicklung und Veränderung haben die Symbole ihren ursprünglich eindeutigen Bezug verloren. Nun konnte ein einzelnes Zeichen je nach Sinnzusammenhang verschiedene Bedeutungen haben. Aus ursprünglich 1.500 Ideogrammen entwickelten sich so 600 Zeichen, die regelmäßig verwendet wurden. Mit der Zeit bezogen sich die verwendeten Zeichen immer mehr auf die Lautwerte der Wörter. Ein Zeichen stand nicht mehr für das dargestellte Objekt, sondern für ein ähnlich gesprochenes Wort. Der Grundstein für ein erstes phonetisches Alphabet war gelegt. In dieser Keilschrift konnte nun alles in schriftlicher Form festgehalten werden. Im 2. Jahrtausend v. Chr. verbreitete sich die Keilschrift immer mehr. In anderen Kulturen nahm die Entwicklung der Schrift einen anderen und doch teilweise ähnlichen Verlauf. Die ägyptischen Hieroglyphen waren z. B. eine Mischung aus Ideogrammen und phonetischen Zeichen.

Bald entstanden erste Schreibschriften, die im Gegensatz zur gemeiselten oder geritzten Keilschrift schneller zu schreiben waren. Schließlich entwickelte sich über die Vermischung der verschiedenen Alphabete und Zeichen der phönizischen, griechischen, etruskischen, römischen und karolingischen Schriftzeichen unser heutiges europäisches Schriftsystem.

Wahrscheinlich wissen Sie, dass unsere heutigen Zahlen ursprünglich arabisch/indischen Ursprungs sind und sich deshalb von der ästhetischen Formensprache sehr deutlich von unserem heutigen Buchstabenalphabet unterscheiden.

Lautschriften wie unser heutiges Alphabet (Buchstaben sind Phonogramme) kommen mit recht wenigen verschiedenen Buchstaben aus. Symbolschriften (Buchstaben sind Piktogramme und Ideogramme) dagegen benötigen eine große Anzahl an Schriftzeichen, wie die Schriften im asiatischen Raum zeigen. Dort nahm die Entwicklung einen anderen Verlauf und der Übergang zu einer Lautschrift hat sich nicht vollzogen. So haben die einzelnen Buchstaben noch einen viel stärkeren Symbolcharakter.

Begriffe rund um die Schrift, die Sie kennen sollten

Wenn es um Schrift und Typografie geht, werden Sie immer wieder auf bestimmte Fachbegriffe stoßen. Deshalb an dieser Stelle einige Erklärungen:

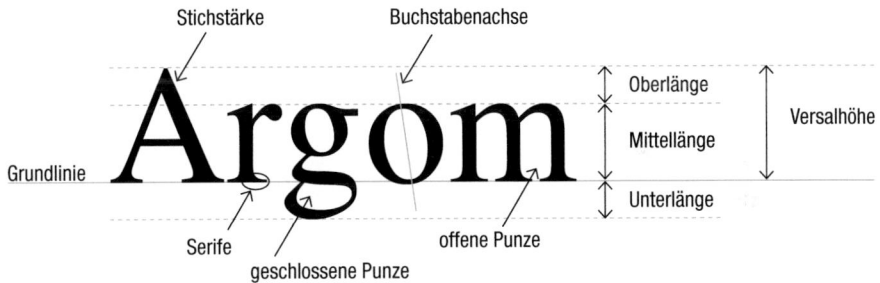

Schriftart

Unter einer Schriftart versteht man eine bestimmte Schrift bzw. einen bestimmten Schrift-Font. Arial, Times, Trebuchet sind bekannte Schriftarten.

Schriftschnitt

Ein Schriftschnitt ist eine bestimmte Variation einer Schriftart. Der Schriftschnitt ist charakterisiert durch die Stärke (z. B. mager, normal, fett), die Laufweite (z. B. schmal, normal, breit) und die Lage (z. B. normal, kursiv).

Schriftfamilie

Typographische Bezeichnung für eine Gruppe zusammengehörender Schriftschnitte, die in der Regel vom gleichen Type-Designer (Schriftgestalter) stammen und gemeinsame Formmerkmale (Typometrie) aufweisen. Üblicherweise besteht eine Schriftfamilie aus einem Grundstil (z. B. normal oder Buch) für die Grundschrift, zwei leisen Auszeichnungsstilen (Auszeichnungsschriften), beispielsweise die kursive Schriftlage und Kapitälchen, sowie einem lauten Auszeichnungsstil (z. B. halbfette oder fette Schriftstilvarianten). Gut ausgebaute Schriftfamilien können aus mehreren Dutzend Schriftschnitten bestehen.

Schriftsippe

Unter einer Schriftsippe werden noch mehr Varianten einer Schriftart bzw. Schriftfamilie zusammengefasst. Die Verwendung der Schriftfamilien innerhalb einer Schriftsippe garantiert somit eine gute Harmonie. So enthält eine Schriftsippe die kompletten Schriftfamilien als Sans, Serif, Slab und manchmal sogar Script. Dazu gleich mehr.

Schriftformatierung

Unter der Formatierung versteht man alle Angaben zu Schriftarten, Schriftgrößen, Schriftfarben, Schriftgewicht, Zeichen- und Wortabständen usw.

Schriftklasse/Schriftklassifizierung

Um Ordnung in die große Anzahl von Schriftarten zu bringen werden Schriften charakterisiert und klassifiziert. Hauptkriterien für die Unterscheidung sind zum Beispiel: das Vorhandensein von Serifen, die Form der Serifen, Winkel oder auch Strichstärke des k-Schenkels, die Symmetrie der Rundungsachse und der Verlauf des Querstrichs des e. Die 4 Hauptgruppen der Schrift sind:

Serif: In diese Gruppen fallen alle Serifenschriften. Schriften mit stark betonten Serifen fallen in die nächste Gruppe.

Slab: Unter diese Gruppe fallen alle serifenbetonten Schriften.

Sans: (frz. ohne) In dieser Gruppe sind alle serifenlosen Schriften.

Script: Diese Schriften basieren auf Handschriften.

Die Form- und Wirkungsprinzipien der Schriften

Diese Prinzipien können in allen Schriften (Serif, Slab, Sans, Script) mehr oder weniger deutlich ausgeprägt sein. Betrachten wir nun kurz, welche Charaktere, welche Aussage Schriften haben können. Mit dieser Klassifizierung haben Sie ein Werkzeug in der Hand, um gezielt passende Schriften auszusuchen. Gerade wenn Sie Schriften kaufen oder testen wollen, können Sie diese Begriffe in die Suchmaske der Schriftanbieter eingeben. Ein Anbieter ist z. B. www.Fontshop.de

Dynamisch: Die Buchstabenformen sind offen, die Versalien sind unterschiedlich breit, die Formen wirken lebhaft, schwungvoll. Kursive Schnitte einer Schrift wirken immer ein wenig dynamischer (Kursive Schriften waren ursprünglich eigenständige Schriften und sind erst später in die Schriftfamilie integriert worden). In der Schriftgruppe Script überwiegt der Anteil von dynamischen Schriften.

Statisch: Die Buchstaben wirken geschlossen. Der Ausdruck ist ruhig. Die Versalienbreiten sind ähnlich und die Ausläufe sind meist zum Kreis schließend gezeichnet.

Konstruiert: Die Buchstaben lassen sich auf klare geometrische Formen zurückführen. Die Strichstärken sind fast gleich dick und wirken so etwas unharmonisch wie die Abfolge der Buchstaben auch. Die Lesbarkeit ist bei den Schriften dieser Gruppe überwiegend unterdurchschnittlich. Serif Schriften weisen das konstruierte Prinzip selten auf.

Alternativ: Dieses Prinzip wird allen Schriften zugeordnet, auf denen die anderen Prinzipen wie dynamisch, statisch, konstruiert nicht so recht passen.

Eventuell hilfreich ist noch eine Klassifizierung nach den Prinzipien Text (gut lesbare Schriften für Massentext) und dekorativ für Schmuckschriften, die überwiegend als Überschriften eingesetzt werden sollten.

Warum Sie die Entwicklung der Schrift kennen sollten

Wer mit Schriften gestaltet, sollte verstehen, wie sich unsere heutigen Buchstaben entwickelt haben. Die Frühgeschichte der Schrift haben Sie schon in Grundzügen kennengelernt. Nun gilt es, die Ausformungen der unterschiedlichen Schriftarten näher kennenzulernen. Dabei war die Entwicklung der Formensprache nie ästhetischer Selbstzweck, sondern eng mit den Möglichkeiten der Vervielfältigung von Texten verknüpft. So hat die Form unserer heutigen Buchstaben noch viel mit Handschrift und dem frühen Buchdruck und Schriftsatz zu tun.

Mit diesem Wissen um die historischen Zusammenhänge können Sie künftig Buchstaben und Schriften bewusster betrachten und verstehen. Denn jeder Buchstabe und jede Buchstabenkombination hat neben der direkten inhaltlichen Bedeutung eine ästhetische, assoziative Bedeutung. Nur wenn diese Bedeutungen korrespondieren, „funktioniert" Gestaltung, kommt die Botschaft an. Nicht nur Handschrift hat Ausdruck und „spricht" zu uns, sondern auch „gesetzte Schrift" hinterlässt einen emotionalen Eindruck und wirkt auf uns. Diese „Duftnote" einer Schrift zu erkennen, verbessert Ihre Fähigkeiten, die passende Schrift und ansprechende Schriftkombinationen zu finden. So werden die von Ihnen gestalteten

Medien besser – zielgruppengerechter, lesbarer und ästhetischer! Und der Vergleich mit dem Duft zeigt zugleich die Subjektivität: Nicht jedem gefällt der gleiche Duft, nicht jeder nimmt Düfte bewusst wahr und doch wirken Düfte unbewusst stark auf uns. Übrigens ist auch die Lesbarkeit subjektiv!

Die römische Quadrata um das 1. Jahrhundert:

CAPITALIS QVADRATA

Es ist eine reine Großbuchstabenschrift, bei der die Buchstabenformen sich weitgehend auf ein Quadrat beziehen. Unterschieden wurde die in Stein gemeiselte „Capitalis Monumentalis" für Monumente und die geschriebene Buchschrift „Capitalis Quadrata". Die heutigen Bezeichnungen Caps für Großbuchstaben und Small Caps für Kapitälchen, gehen darauf zurück.

Die römische Capitalis Rustika um das 1. Jahrhundert:

CAPITALIS RUSTICA

Das war die einfacher und flüssiger zu schreibende Schrift für den Alltagsgebrauch.

Die mittelalterliche Unziale zwischen dem 3. und 7. Jahrhundert:

UNZIALE

Die Spätantike und das frühe Mittelalter waren von der Unziale geprägt. Diese Schrift ist dadurch gekennzeichnet, dass nicht alle Zeichen dieselbe Höhe aufweisen und die Serifen wenig deutlich sind. Viele Zeichen sind mit Verzierungen versehen, die über die Ober- und Unterlänge hinausreichen. Dabei war die Unziale niemals ein einheitliches Schriftsystem sondern wurde regional und je nach Schreiber individuell interpretiert. Die Kalligraphie (die Kunst der Hand-Schönschrift) nimmt die Formen der Unziale noch heute gerne auf.

Die karolingische Minuskel um das 9 Jahrhundert:

karolingische minuskel

In der Zeit Karls des Großen wurde die Schriftentwicklung wieder auf einen einheitlichen Standard zusammengeführt. So wurde die karolingische Minuskel zum Meilenstein auf dem Weg zu unserem heutigen Alphabet. Die karolingische Minuskel war der Vorläufer der Gotischen Minuskel.

Die gotische Minuskel um das 14. Jahrhundert:

Rotunda

Auf die zwei dominanten Zweige der Gotische Minuskel, der Textur und der Rotunda, lassen sich zwei Ausprägungen der heutigen Schriften zurückführen. Aus der „härteren" Textur entwickelten sich die gebrochenen, landläufig deutsche Schrift genannten Frakturen, aus der weicheren, runderen Rotunda die Antiqua Schriften wie z. B. die Times. Die Rotunda dominierte in südlichen Länder, die Textur in den nördlichen.

Ab dem 15. Jahrhundert:

Der Buchdruck entwickelte sich und damit die verschiedenen Formen der Antiqua Schriften. Beeinflusst wurde die Entwicklung der einzelnen Buchstaben dadurch, dass jeder Buchstabe für sich einzeln auf einer Letter stehen musste. Buchstabenverzierungen über mehrere Buchstaben hinweg wie in handschriftlichen Alphabeten waren im Schriftsatz so nicht mehr zu realisieren.

Die Antiqua Schriften waren von Entwicklungsschritten geprägt: Die wichtigsten Schriften davon sind die Venezianische Renaissance-Antiqua (z. B. Bembo), die Französische Renaissance-Antiqua (z. B. Garamond), die Barock-Antiqua (z. B. Baskerville), die Klassizistische Antiqua (z. B. Bodoni). Im 19. Jahrhundert entwickelte sich der Trend zu serifenbetonten Schriften (z. B. Clarendon, Rockwell).

Beispiel für eine Venezianische Renaissance-Antiqua:

Das ist eine Bembo

Das ist eine Bembo

Das ist eine Bembo

AaBbCcDdEeFfGgHhIi
JjKkLlMmNnOoPpQq
RrSsTtUuVvWwXxYyZz
0123456789

Beispiel für eine Französische Renaissance-Antiqua:

Das ist eine Garamont

Das ist eine Garamont

Das ist eine Garamont

AaBbCcDdEeFfGgHhIi
JjKkLlMmNnOoPpQq
RrSsTtUuVvWwXxYyZz
0123456789

Beispiel für eine Klassizistische Antiqua:

Das ist eine Bodoni

Das ist eine Bodoni

Das ist eine Bodoni

AaBbCcDdEeFfGgHhIi
JjKkLlMmNnOoPpQq
RrSsTtUuVvWwXxYyZz
0123456789

Beispiel für eine Barock-Antiqua:

Das ist eine Baskerville

Das ist eine Baskerville

AaBbCcDdEeFfGgHhIi
JjKkLlMmNnOoPpQq
RrSsTtUuVvWwXxYyZz
0123456789

Beispiel für eine serifenbetonte Schrift:

Das ist eine Claredon

Das ist eine Claredon

Das ist eine Claredon

AaBbCcDdEeFfGgHhIi
JjKkLlMmNnOoPpQq
RrSsTtUuVvwXxYyZz
0123456789

Noch ein Beispiel für eine serifenbetonte Schrift:

Das ist eine Rockwell
Das ist eine Rockwell
Das ist eine Rockwell

AaBbCcDdEeFfGgHhIi
JjKkLlMmNnOoPpQq
RrSsTtUuVvWwXxYyZz
0123456789

Noch bis zum Ende des 2. Weltkriegs waren gebrochene Schriften in Deutschland vorherrschend. Die gebrochenen Schriften wie z. B. die Breitkopf als Nazischriften zu bewerten ist wissenschaftshistorisch so nicht haltbar, hat aber trotzdem dazu beigetragen, dass gebrochene Schriften heute nur noch ein Randdasein führen, während die Antiquaformen weltweit ihren Siegeszug angetreten haben.

Beispiel für eine gebrochene, „deutsche" Schrift:

Das ist eine Breitkopf

AaBbCcDdEeFfGgHh
IiJjKkLlMmNnOoPp
QqRrSsTtUuVvWw
XxYyZz
0123456789

Ab dem 19. Jahrhundert:

Schon bei der Klassizistischen und Barock-Antiqua wurden die Serifen bewusst verstärkt. Der nächste Schritt war das Experimentieren mit dem Weglassen der Serifen. Das war so ungewöhnlich, dass man diese Schriften Groteskschriften nannte. Ein bekannter Vertreter dieser Familie ist die Helvetica. Kein Wunder, dass beispielsweise eine Bodoni, eine Claredon und Helvetica bei diesen gemeinsamen Wurzeln harmonieren. Heute nennt man diese serifenlosen Schriften meist sans serif.

Beispiel für eine Groteskschrift:

Das ist eine Helvetica

Das ist eine Helvetica

Das ist eine Helvetica

A a B b C c D d E e F f G g H h I i
J j K k L l M m N n O o P p Q q
R r S s T t U u V v W w X x Y y Z z
0 1 2 3 4 5 6 7 8 9

Anfang des 20. Jahrhunderts:

Entsprechend zum funktionalen, technischen Stil (in der Tradition des „Bauhaus" – die erste Kunstschule, die Kunst und Handwerk zusammen führte) wurden nun Schriften auch zunehmend mathematisch konstruiert (z. B. Futura). Geometrische Grundformen wurden zum Ausgangspunkt der Buchstaben. Doch das Auge „denkt" nicht mathematisch. So wirken diese Schriften ästhetisch oft unausgewogen, nicht im Fluss. Das zeigt sich besonders bei Fließtext (fortlaufend geschriebener Text). Die Formen der Einzelbuchstaben wirken dagegen oft sehr klar und prägnant. So werden diese Schriften gerne in Überschriften und Logos verwendet. Bis Mitte des 20. Jahrhunderts waren die meisten der heute gebräuchlichen klassischen Schriften entworfen.

Beispiel für eine technische Schrift:

Das ist eine Bauhaus

**AaBbCcDdEeFfGgHhIi
JjKkLlMmNnOoPpQq
RrSsTtUuVvWwXxYyZz
0123456789**

Beispiel für eine mathematisch konstruierte Schrift:

Das ist eine Futura
Das ist eine Futura
Das ist eine Futura

AaBbCcDdEeFfGgHhIi
JjKkLlMmNnOoPpQq
RrSsTtUuVvWwXxYyZz
0123456789

Mitte des 20. Jahrhunderts bis heute:

Immer mehr Schriften entstehen. Beschleunigt wurde diese Entwicklung durch die technische Revolution vom Bleisatz über den Fotosatz (Schriften werden auf Film belichtet) bis hin zum Siegeszug der modernen Layoutprogramme. Während bis in die 80er Jahre des letzten Jahrhunderts nur Profis Schriften setzen konnten und beträchtliche Investitionen für den Betrieb einer Setzerei notwendig waren, wurde mit dem Aufkommen der PCs der Schriftsatz und das Layout (DTP, Desktop-Publishing) mehr oder weniger jeder, der einen Computer mit entsprechenden Programmen zur Verfügung hatte, zum Setzer – ohne das Handwerk und die Kunst des Schriftsatzes gelernt zu haben.

Weitere Beispiele für den Formenreichtum von Schriften heute:

DAS IST EINE MESQUITE

Das ist eine Monotype

AaBbCcDdEeFfGgHhIi
JjKkLlMmNnOoPpQq
RrSsTtUuVvWwXxYyZz
0123456789

Das ist eine Bickham

Das ist eine Bickham

Aa Bb Cc Dd Ee Ff Gg Hh Ii

Jj Kk Ll Mm Nn Oo Pp Qq

Rr Ss Tt Uu Vv Ww Xx Yy Zz

0123456789

Die Kehrseite dieser Entwicklung zeigen „handgestrickte", selbstgemachte und keinem professionellen Anspruch genügenden Drucksachen bis heute. Bevor der Beruf des Setzers ausgestorben ist, war der Kauf einer bestimmten Schrift ebenfalls eine hohe Investition. Auch aus Lizenzgründen und dem immer höheren Bedarf an Schriften entstanden Plagiate (aus der klassischen Helvetica wurde die „billigere" Swiss), Varianten zu alten Schriften, Neuinterpretationen und Überarbeitungen. Auch werden immer mehr Schriftschnitte zu kompletten Schriftfamilien ergänzt.

Erwähnenswert ist eine zusätzliche, neue Anforderung an die Schrift – die gute Lesbarkeit auf Displays elektronischer Medien. Manche Schriften eignen sich dazu besonders gut, wenn es z. B. darum geht, beim Überfliegen und Scrollen Inhalte schnell zu erfassen. Heutzutage eine Schrift zu entwickeln und verfügbar zu machen, kostet nur noch einen Bruchteil – und doch steht Masse nicht für Qualität. Ein wirklich guter Schriftschnitt ist durchdacht, erfordert gestalterische Sorgfalt und hat deshalb seinen Preis.

Gute, professionell gestaltete Schriften, die einem hohen ästhetischen Anspruch genügen, unterliegen Lizenzen und müssen gekauft werden, soweit sie nicht im System mitgeliefert werden. Das ist eine Investition, die sich lohnt. Es gibt CDs von Schriftensammlungen, die durchaus erschwinglich und weitaus günstiger sind als der Kauf einer einzelnen Schrift.

Einige Bemerkungen zum Schluss:

Viele Schriften sind nicht eindeutig einer Zeit oder Klasse zuzuordnen, sondern interpretieren klassische Grundformen. So orientiert sich die um 1930 entstandene und heute weit verbreitete Times an historischen Antiqua Vorbildern, ohne eindeutig zu einer bestimmten Klasse zu gehören. Das gilt auch für die gebräuchlichste Groteskschrift, die Arial. Ein wichtiges Kriterium für eine Schrift ist die Funktion, die Lesbarkeit. Untersuchungen diesbezüglich sind niemals eindeutig, denn gute Lesbarkeit ist immer von Übung und Gewohnheiten abhängig. Da die Lesbarkeit von elementarer Bedeutung ist, widmen wir diesem Thema gleich einen ganzen Abschnitt.

Basiswissen Typografie

Exzellente Typografie ist Kunst – es braucht dazu Können und Erfahrung. Der Beruf des Schrifsetzers war lange ein sehr angesehener Beruf. Bis in die 70er Jahre des letzten Jahrhunderts war Schriftsatz und Typografie ausschließlich in der Hand von gut ausgebildeten Profis. Mit dem Aufkommen der Personalcomputer und des Desktop-Publishing wurden plötzlich viele Ungelernte zum „Setzer" – wahrscheinlich auch Sie, wenn Sie heute am Rechner Dinge gestalten. Wir besitzen nun ein hervorragendes und erschwingliches Werkzeug für typografische Gestaltung, aber das Wissen dieses Werkzeug entsprechend anzuwenden fehlt leider weitgehendst. Doch genauso wie es zur Professionalität gehört auf die Rechtschreibung zu achten und sich verständlich auszudrücken, sollte es auch zur Professionalität gehören, typografische Fehler zu vermeiden. In diesem Kapitel geben wir dafür die notwendigen Hilfestellungen.

„Typografische Legasthenie" ist weit verbreitet.
Sie kann aber leicht überwunden werden.

Wenn Sie die folgenden Prinzipien verstehen und befolgen werden Sie

- erkennen, was gute von schlechter Typografie unterscheidet
- Schriften und Schriftkombinationen künftig gezielt und passend auswählen
- sich auf wenige Schriften und „Schnickschnack" beschränken
- wissen, was Sie können und wo Sie besser einen Profi zu Rate ziehen
- ansprechende typografische Ergebnisse erzielen

Gehen wir nun der Reihe nach vor. Nehmen wir an, Sie haben einen Text und möchten eine Drucksache gestalten.

Typografische Entscheidung zu Beginn eines Projektes

Schriftauswahl:

Gibt es schon eine „Hausschrift" bzw. „Hausschriften"? Das heißt, für alle Medien werden die gleichen Schriften verwendet, um ein einheitliches Erscheinungsbild zu unterstützen. Wenn ja, verwenden Sie diese Schriften! Eventuell haben Sie noch die Freiheit, Schmuckschriften z. B. für Überschriften zu verwenden. Achten Sie darauf, dass diese Schriften passend zum Erscheinungsbild und zum Thema gewählt werden.

Gibt es dagegen noch keine Festlegung der Schrift, orientieren Sie sich bei der Auswahl Ihrer Schriften auf die Zielgruppe bzw. auf das Thema. Denken Sie auch daran, dass sich Ihre Schriftauswahl nicht mit der im Logo verwendeten Schrift beißt. Hier ist es wie bei der Mode oder in der Architektur. Gegensätze kombinieren sich oft besser als fast gleiche Dinge. Zwei Rottöne konkurrieren – die Komplementärfarbe Grün harmoniert fast immer und steigert sogar die Wirkung von Rot. Fühlen Sie sich ein. Entscheiden Sie sich am besten für maximal 2-3 verschiedene Schriften (Typografische Könner können diese Regeln brechen).

Schriften sollten zum Thema oder zum Erscheinungsbild passen. Denken Sie bei der Auswahl immer an die Lesbarkeit. Denken Sie dabei heute nicht nur an die Lesbarkeit bei Druckmedien, sondern auch an die Lesbarkeit auf Bildschirmen und kleinen Displays. Viele Plakatmotive sollten heute auch in leicht vereinfachter Form gut als E-Mail- oder Internetbanner zu nutzen sein.

Fließtext

Für Fließtext (der Massentext einer Drucksache) ist eine gut lesbare Schrift vorteilhaft. Wenn Sie Tabellen mit Zahlen benötigen, denken Sie an eine Schrift mit gut lesbaren Zahlen. Vermeiden Sie für den Fließtext extreme Schrifttypen wie z. B. sehr schmal oder sehr breit laufende Schriften, Schriften mit einer besonders großen oder kleinen Ober- bzw. Unterlänge.

Überschriften

Die Überschriften und Unterüberschriften (kann durchaus eine andere Schrifttype sein) sollen sich deutlich vom Fließtext abheben. Falls nur wenig Überschriften vorhanden sind, haben Sie eine größere Wahlfreiheit. Dann kann eine wirkliche „Schmuckschrift" durchaus passen. Gehen Sie aber immer sehr vorsichtig mit Verzerrungen, Schattierungen, Schatten, Perspektivwirkungen, Farbverläufen um. Daran trauen sich aus gutem Grund wenige professionelle Typographen. Laien dagegen toben sich hier gerne aus.

Entscheidung

Um Ihre Entscheidung zu erleichtern: Setzen Sie den gleichen Text in verschiedenen Schriften und vergleichen Sie die Wirkung. Sie werden spüren, welche Schriften oder Schriftkombinationen besser sind. Variieren Sie bewusst den Abstand, aus dem Sie diese Proben betrachten. Das gibt Ihnen einen guten Hinweis auf die Lesbarkeit.

Ganz wichtig!

Nachdem Sie sich bewusst auf wenige Schrifttypen beschränkt haben, setzen Sie sich nun zum Ziel, mit wenigen Schriftgrößen, Formatierungen und Schriftfarben auszukommen. Das bringt eine klare Struktur in die Gestaltung und wirkt aufgeräumt professionell. Unterstützt wird diese Ordnung durch ein Gestaltungsraster. Dazu mehr in Leitfaden 4.

 **Reflexion**

Schauen Sie nun einmal mit diesem Wissen bewusst hochwertig und professionell gestaltete Medien an. Sie werden diese Prinzipien wiederfinden.

Nun nehmen Sie sich Ihre eigenen Medien vor. Was würden Sie mit diesem Wissen ändern?

Regeln des Schriftsatzes

Nachdem Sie die Grundauswahl Ihrer Schriften getroffen haben, machen wir es jetzt praktisch anschaulich. Anhand von Beispielen auf der nächsten Seite lernen Sie die wichtigsten Regeln und Prinzipien für einen guten Schriftsatz kennen. Dabei hat Typografie viel mit „Gefühl" und dem genauen Hinschauen zu tun.

Es geht um die Makrotypografie (den optischen Gesamteindruck des Schriftsatzes, um Mikrotypografie (den Detailblick auf Worte und Buchstaben) und um die Regeln der Formatierung (Schriftart, Größe, Farbe, Auszeichnung wie Schriftgewicht, kursiv, fett, verschiedene Modifikationen, Zeichen- und Wortabstände, Verzerrungen, Grundlinienversatz, Aufzählungen, Einzüge, Abstände, etc.).

Randabstand

Ein Text sollte niemals zu eng am Rand stehen. Die Überschrift muss eindeutigen optischen Bezug zum darauf folgendem Text haben! Auch braucht die Schrift Platz zum Rand, wenn Sie mit einer Fläche unterlegt ist.

Ein Text sollte niemals aus zu vielen Schriftarten und Schriftgrößen bestehen. *Das wirkt unruhig und wenig professionell.*
Achten Sie beim Satz, dass keine unschönen „Treppen" entstehen

Grundsätzliches zum Zeilenabstand, zur Zeilenlänge und zum Wortabstand

Beispiel ca. 100 Zeichen pro Zeile, Schrift Arial 8 Punkt, Zeilenabstand 9 Punkt. Grundsätzlich sollte für ein harmonisches und lesbares Schriftbild die Zeile gut zu erkennen sein, dass das Auge sicher in der Horizontalen geführt wird. Bei zu langen Zeilenlängen funktioniert das nicht. Optimal lang ist eine Zeile zwischen 60 und 80 Zeichen (Leerzeichen zählen mit!). Verstärkt wird dieser negative Effekt, wenn zudem der Wortabstand zu groß ist. Dann wird das Schriftbild besonders unruhig und fleckig.

Je länger die Zeile ist, umso besser wirkt ein größerer Zeilenabstand! Schrift Arial 8 Punkt, Zeilenabstand 11 Punkt. Grundsätzlich sollte für ein harmonisches und lesbares Schriftbild die Zeile gut zu erkennen sein, dass das Auge sicher in der Horizontalen geführt wird. Bei zu langen Zeilenlängen oder zu großen Wortabständen funktioniert das nicht. Optimal lang ist eine Zeile zwischen 60 und 80 Zeichen (Leerzeichen zählen mit!). Das gilt sowohl für den Blocksatz als auch für den Flattersatz.

Schrift Arial 8 Punkt, Zeilenabstand 13 Punkt. Je länger die Zeile umso besser wirkt ein größerer Zeilenabstand! Grundsätzlich sollte für ein harmonisches und lesbares Schriftbild die Zeile gut zu erkennen sein, so dass das Auge sicher in der Horizontalen geführt wird. Bei zu langen Zeilenlängen oder zu großen Wortabständen funktioniert das nicht. Optimal lang ist eine Zeile zwischen 60 und 80 Zeichen. Je nach Schriftart wirkt der Zeilenabstand aber unterschiedlich.

Schrift Didot 8 Punkt, Zeilenabstand 13 Punkt. Je nach Schriftart wirkt der Zeilenabstand anders. Typografie muss deshalb mit dem Auge und nicht mit dem Lineal beurteilt werden. Auch das, was Ihr Computer Ihnen als Standardeinstellung anbietet, ist oft nicht optimal für jede Schrift. Ziel guter Typografie ist ein harmonisches und lesbares Schriftbild.

Schrift Garamond 9,5 Punkt, Zeilenabstand 12 Punkt. Je nach Schriftart wirkt der Zeilenabstand anders. Man erkennt, dass nicht jede Schrift gleich groß wirkt. Die 9,5 Punkt Garamond wirkt ähnlich groß wie die 8 Punkt Walbaum. Typografie muss deshalb mit dem Auge und nicht mit dem Lineal beurteilt werden. Auch das, was Ihr Computer Ihnen als Standardeinstellung anbietet, ist oft nicht optimal für jede Schrift. Ziel guter Typografie ist ein harmonisches und lesbares Schriftbild.

Schrift Calisto MT 9,5 Punkt, Zeilenabstand 12 Punkt. Je nach Schriftart wirkt der Zeilenabstand anders. Man erkennt, dass nicht jede Schrift gleich groß wirkt. Die 9,5 Punkt Garamond wirkt ähnlich groß wie die 8 Punkt Walbaum. Typografie muss deshalb mit dem Auge und nicht mit dem Lineal beurteilt werden. Auch das, was Ihr Computer Ihnen als Standardeinstellung anbietet, ist oft nicht optimal für jede Schrift. Ziel guter Typografie ist ein harmonisches und lesbares Schriftbild.

Beispiele für Blocksatz

Schrift Arial 8 Punkt, Zeilenabstand 11 Punkt. Eine Schrift ohne Serifen braucht oft einen etwas größeren Zeilenabstand um ein harmonisches und lesbares Schriftbild zu ergeben. Eine Schrift ohne Serifen braucht oft einen etwas größeren Zeilenabstand um ein harmonisches Schriftbild zu ergeben.

Schrift Arial 8 Punkt, Zeilenabstand 12 Punkt. Je kürzer die Zeile ist, umso geringer kann der Zeilenabstand ausfallen! Grundsätzlich sollte für ein harmonisches und lesbares Schriftbild die Zeile gut zu erkennen sein, so dass das Auge sicher in der Horizontalen geführt wird.

Schrift Didot 8 Punkt, Zeilenabstand 11 Punkt. Je nach Schriftart wirkt der Zeilenabstand anders. Typografie muss deshalb mit dem Auge und nicht mit dem Lineal beurteilt werden. Auch das, was Ihr Computer Ihnen als Standardeinstellung anbietet, ist oft nicht optimal für jede Schrift.

Schrift Garamond 9,5 Punkt, Zeilenabstand 11 Punkt. Je nach Schriftart wirkt der Zeilenabstand anders. Man erkennt, dass nicht jede Schrift gleich groß wirkt. Die 9,5 Punkt Garamond wirkt ähnlich groß wie die 8 Punkt Walbaum. Typografie muss deshalb mit dem Auge und nicht mit dem Lineal beurteilt werden.

Schrift Calisto MT 9 Punkt, Zeilenabstand 12 Punkt. Je nach Schriftart wirkt der Zeilenabstand anders. Man erkennt, dass nicht jede Schrift gleich groß wirkt.

Schrift in Grau

Schrift Didot 8 Punkt, Zeilenabstand 11 Punkt. Die Kontrastreduzierung durch Grau auf Schwarz kommt der Klassizistischen Antiqua entgegen.

Beispiele für Flattersatz

Schrift Arial 8 Punkt, Zeilenabstand 11 Punkt. Eine Schrift ohne Serifen braucht oft einen etwas größeren Zeilenabstand um ein harmonisches und lesbares Schriftbild zu ergeben. Eine Schrift ohne Serifen braucht oft einen etwas größeren Zeilenabstand.

Schrift Arial 8 Punkt, Zeilenabstand 13 Punkt. Je länger die Zeile umso besser wirkt ein größerer Zeilenabstand! Grundsätzlich sollte für ein harmonisches und lesbares Schriftbild die Zeile gut zu erkennen sein.

Schrift Didot 8 Punkt, Zeilenabstand 13 Punkt. Farbiger Hintergrund reduziert die Kontraste und macht zum Beispiel Schriften mit starken Schriftstärkenunterschieden wie diese angenehmer zu lesen.

Schrift Garamond 9,5 Punkt, Zeilenabstand 11 Punkt. Die Garamond ist auf allen Untergründen eine gut lesbare Schrift.

Schrift Calisto MT 9,5 Punkt, Zeilenabstand 12 Punkt. Je nach Schriftart wirkt der Zeilenabstand anders. Man erkennt, dass nicht jede Schrift gleich groß wirkt.

Unterschiedliche Wirkung auf eingefärbtem Papier

Schrift Garamond 9,5 Punkt, Zeilenabstand 11 Punkt. Je nach Schriftart wirkt der Zeilenabstand anders. Man erkennt, dass nicht jede Schrift…

Beispiel auf schwarzem Hintergrund

Schrift Didot 8 Punkt, Zeilenabstand 11 Punkt. Je nach Schriftart wirkt der Zeilenabstand anders. Typografie muss deshalb mit dem Auge und nicht mit dem Lineal beurteilt werden. Auch das, was Ihr Computer Ihnen als Standardeinstellung anbietet, ist oft nicht optimal für jede Schrift.

Schrift Garamond 9,5 Punkt, Zeilenabstand 11 Punkt. Je nach Schriftart wirkt der Zeilenabstand anders. Typografie muss deshalb mit dem Auge und nicht mit dem Lineal beurteilt werden. Auch das, was Ihr Computer Ihnen als…

Schriften fürs Internet

Verdana 10,5 Punkt, Zeilenabstand 14 Punkt. Im Internet ist Flattersatz statt Blocksatz angebracht, auch weil Trennungen nicht unterstützt werden. Internetschriften sollten nicht zu schmal laufen oder zu geringe Schriftstärken haben, damit sie auch in der Verkleinerung, z. B. auf einem kleinen Handy-Display noch gut zu lesen sind. Im Internet ist Flattersatz statt Blocksatz angebracht, auch weil Trennungen nicht unterstützt werden.

Trebuchet 10,5 Punkt, Zeilenabstand 14 Punkt. Im Internet ist Flattersatz statt Blocksatz angebracht, auch weil Trennungen nicht unterstützt werden. Internetschriften sollten nicht zu schmal laufen oder zu geringe Schriftstärken haben, damit sie auch in der Verkleinerung, z. B. auf einem kleinen Handy-Display noch gut zu lesen sind.

Schriften fürs Internet

Verdana 8 Punkt, Zeilenabstand 10,5 Punkt. Im Internet ist Flattersatz statt Blocksatz angebracht, auch weil Trennungen nicht unterstützt werden. Internetschriften sollten nicht zu schmal laufen oder zu geringe Schriftstärken haben, damit sie auch in der Verkleinerung, z. B. auf einem kleinen Handy-Display noch gut zu lesen sind.

Trebuchet 8 Punkt, Zeilenabstand 10,5 Punkt. Im Internet ist Flattersatz statt Blocksatz angebracht, auch weil Trennungen nicht unterstützt werden. Internetschriften sollten nicht zu schmal laufen oder zu geringe Schriftstärken haben, damit sie auch in der Verkleinerung, z. B. auf einem kleinen Handy-Display noch gut zu lesen sind.

Schriften fürs Internet

Verdana 6 Punkt, Zeilenabstand 8 Punkt. Im Internet ist Flattersatz statt Blocksatz angebracht, auch weil Trennungen nicht unterstützt werden. Internetschriften sollten nicht zu schmal laufen oder zu geringe Schriftstärken haben, damit sie auch in der Verkleinerung, z. B. auf einem kleinen Handy-Display noch gut zu lesen sind.

Trebuchet 6 Punkt, Zeilenabstand 8 Punkt. Im Internet ist Flattersatz statt Blocksatz angebracht, auch weil Trennungen nicht unterstützt werden. Internetschriften sollten nicht zu schmal laufen oder zu geringe Schriftstärken haben, damit sie auch in der Verkleinerung, z. B. auf einem kleinen Handy-Display noch gut zu lesen sind.

Wenig verschiedene Schriften verwenden

Gute Typografie zeichnet sich durch den sparsamen Umgang mit verschiedenen Schriften aus. Verzichten Sie daher auf zu viele unterschiedliche Fonts und Schriftschnitte. Halten Sie sich an folgende Faustregel: maximal 2-3 unterschiedliche Schriftarten und Schriftschnitte.

Divise als Bis-Strich

Sparsam mit Auszeichnungen

Auszeichnungen im Text verändern den Lesefluss. Das Auge springt auf Auszeichnungen, der Text davor wird so leicht überlesen. Man unterscheidet deshalb dezente Auszeichnungen (die sogenannte integrierte Auszeichnung) wie den Text kursiv oder in echten Kapitälchen setzen oder auffällige Auszeichnungen (aktive Auszeichnungen) wie halbfett, fett oder <u>Unterstreichungen</u>.

Schriften verzerren

falsche Kapitälchen

Der Versuch aus einer G‌RUNDSCHRIFT elektronisch verschiedene Schriftschnitte (kursiv, fett, breiter, schmal, etc.) zu erzeugen ist ästhetisch unbefriedigend. Schriftschnitte sind eigens entwickelte Formen.

Schmallaufende Schriften

zu enge Zeile

Schmallaufende Schriften sind gut geeignet, viel Text auf wenig Raum unterzubringen. Zum Beispiel für Randbemerkungen bieten sich schmale

zu weite Zeile

Schriften an. Schmallaufende Schriften sind prädestiniert für den Flattersatz.

Blocksatz, Flattersatz oder mittig setzen

Blocksatz wirkt nicht, wenn zuwenig Zeichen pro Zeile verwendet werden. Je größer die Zeilenbreite umso schöner, d. h. gleichmäßiger wird der Wortabstand. Bei großen Satzbreiten ist die Entscheidung für den Flattersatz eine rein ästhetische Überlegung. Flattersatz bedarf der bewussten Nacharbeit damit er nicht zu

Schrift schräggestellt statt echter Kursiver

unregelmäßig flattert.

Fett und Groß heißt nicht lesbar

Zuviel Text in einer Auszeichnungschrift z. B. in einer fetten Schrift lässt sich nicht gut lesen. Das Gleiche gilt, wenn die Schrift zu groß ist. Dann gelingt es nicht mehr ein Wort und die Zeile im Gesamten zu erfassen.

Grundlinienraster zur Schriftausrichtung

Bei mehreren Spalten pro Seite kann der Text in der Horizontalen flattern, wenn Sie nicht dafür sorgen, dass die einzelnen Seiten "Register halten", d. h. alle Zeilen stehen auf einem gemeinsamen Grundlinienraster. Das bringt Ruhe in das Schriftbild und erhöht die gute Lesbarkeit.

falsche Anführungszeichen

Buchstabenabstände ausgleichen

Beim Satz von Überschriften und hervorgehobenen Textstellen kann sich das Ausgleichen der Buchstaben bzw. der Zahlenabstände lohnen. Ohne das sogenannte Kerning kommt es zu deutlicher Lückenbildung (beachten Sie ‚Ty' und "Ao", 11 und 17).

falsche Anführungszeichen

Zeilenabstand optimieren

Je schmaler die Spalte, desto geringer kann der Zeilenabstand ausfallen. Beachten Sie dabei die unterschiedliche Wirkung der Schriftarten.

Schriften nicht einfach skalieren

Je kleiner die Schrift umso mehr müssen Sie die einzelnen Buchstaben sperren und den Zeilenabstand vergrößern. Große Schriften z. B. auf einem Plakat sollten dagegen etwas enger gesetzt werden. Auch die Wortabstände wirken besser, wenn die Wortabstände leicht verringert werden und der Zeilenabstand verkleinert wird.

Trennungen beachten

Achten Sie auf die Trennungen: Zuviele Trennungen in Folge sind unschön. Achten Sie auf unpassende Trennungen (z. B. Urin-stinkt) oder falsche. Vermeiden sollten Sie Trennungen auch bei der vorletzten Zeile eines Absatzes und am Seitenwechsel.

unkenntliche Schrifmischung

Optischer Randausgleich

Das Auge „denkt" nicht mathematisch. Was rechnerisch stimmt, kann falsch aussehen. Ein Beispiel dafür ist der optische Randausgleich. Dieser sorgt dafür, dass Trennzeichen, Bindestriche und Anführungszeichen ein winzig kleines Stück über die Rahmenkante hinausragen. Das wirkt optisch „richtiger".

Bindestrich und Gedankenstrich

Der kurze Divis-Strich ist ein Trennstrich. Der längere sogenannte Gedankenstrich wird für Satzeinschübe verwendet und bei Kennzeichnung glatter Geldbeträge (z. B. 19,– Euro).

Abkürzung getrennt

Anführungszeichen, eine Fehlerquelle

Absolut verboten ist es „Zollzeichen" als An– und Abführungszeichen zu verwenden. Es gibt unterschiedliche Möglichkeiten korrekte Anführungszeichen zu verwenden. Traditionell: „Deutsch",
modern: »Guillemets«,
fremdsprachlich: «Schweiz»,
fremdsprachlich: "Englisch".

Zollzeichen als „..."
Gedankenstrich als Divis

ß im Versalsatz

ß im Kapitälchensatz, falsche Kapitälchen

Auslassungspunkte zu eng

Ziffer ist nicht gleich Ziffer

Reichhaltige Schriften haben verschiedene Zahlen. Es gibt die sogenannten Normalziffern oder Versalziffern bzw. Majuskelziffern in der GRÖSSE der Großbuchstaben. Diese Ziffern 123456789 wirken immer sehr dominant im Vergleich zum gesetzten Text. Die sogenannten Mediävalziffern oder Minuskelziffern mit Ober- und Unterlängen entsprechen den Kleinbuchstaben. Diese Ziffern 123456789 fügen sich besser in den Text ein. Die Hintergrundfarbe und Kontrasthelligkeit im Bezug zur Schrift HAT GROSSEN Einfluss auf die Schriftwirkung.

Zu guter Letzt

Gute Typografie fordert korrekte Rechtschreibung. Lassen Sie daher Ihre Dokumente vor der Veröffentlichung auf Fehler lesen... Es fällt oft schwer in eigenen Texten Fehler zu erkennen. Übrigens: In der Kürze liegt die Würze.

Schrift als freies Gestaltungsmittel

Bisher ging es um funktionale und zugleich ästhetische Typografie. Aber mit Schriften und Buchstaben kann auch wunderbar kreativ gespielt werden. Dann tritt der Aspekt der Funktion, der Kommunikation zurück und der Aspekt des künstlerischen Gestaltens in den Vordergrund. Dieser Aspekt der Typografie ist alt und hat die Wurzeln in der schönen Handschrift, der Kalligraphie. Denken Sie beispielsweise an die reich verzierten Anfangsbuchstaben, die Initialen. Hier werden Buchstaben zum Bild. Durch die besondere Anordnung, durch das freie Spiel mit der Formenvielfalt der einzelnen Buchstaben können interessante Dinge entstehen. Warum nicht einmal mit Worten und Buchstaben gestalten, z. B. wenn kein Bild zur Verfügung steht.

Hervorragende Typografie verbindet das Funktionale mit dem künstlerisch Besonderen.

Mit diesem Einblick in die Welt der Typografie werden Sie künftig anders mit Schriften und dem Schriftsatz umgehen. Sie werden wissen, auf was es ankommt, damit Ihre Gestaltung professioneller wirkt und damit mehr Wirkung erzielt. Gleichzeitig werden Sie die Arbeit der professionellen Gestalter sicherer beurteilen können.

Mit diesem Know-How finden Sie auch die Balance zwischen „selber machen können" und „besser in Auftrag geben". Die Technik macht es heute sehr gut möglich, dass Sie den Profis „zuarbeiten", z. B. dass Sie Texte in Musterlayouts einfügen und weniger diffizile Druck- und Onlinemedien selbst gestalten und den letzten Schliff den Profis überlassen. Das macht Sinn und garantiert ein professionelles Ergebnis zum vernünftigen und attraktiven Preis. Ein Gedanke zum Schluss: Würden Sie Ihr Haus ohne Handwerker und Architekten bauen, auch wenn Sie selbst viel mitarbeiten? Wahrscheinlich nicht, wenn Sie auf Qualität Wert legen. Machen Sie es in Typografie- und Gestaltungsdingen auch nicht anders!

Das Potenzial der Sprache und Geschichten

Der Schriftsteller Mark Twain hat es auf den Punkt gebracht. Er hatte es sich als Autodidakt das Schreiben erarbeitet, denn er war zunächst Schriftsetzer, Lotse auf einem Mississippi-Flussdampfer und Goldgräber, bevor er sich der Schriftstellerei verschrieb.

> **„Schreiben ist leicht, man muss nur die falschen Wörter weglassen."**
>
> Mark Twain

Tatsache ist, dass jeder, der des Lesens und Schreibens mächtig ist, mehr oder weniger gut in der Lage sein müsste, seine Gedanken in Worte zu fassen. Wer dazu bereit ist, sich mit dem Handwerk des Schreibens zu befassen, einige grundlegende Regeln lernt und diese beherzigt, wird mit praktischer Übung erstaunliche Ergebnisse erzielen.

Wie oft tun Sie es?

Wann haben Sie zuletzt mit Worten gespielt? Ausdruckstark, spielerisch, kreativ ohne die Information zu vernachlässigen?

Spannender, auf den Punkt gebrachter Inhalt, hat das Potenzial, Meinungen zu formen. Jede gute Geschichte wirkt, spricht Menschen an und verführt zu Aufmerksamkeit. So können Sie Ihre Leser und Zuhörer für Ihre Sache zu gewinnen. Vor allem dann, wenn Sie die falschen und unnötigen Wörter und das Beiwerk erkennen und weglassen. Es gilt auch hier wie in der Einleitung beschrieben:

Weniger ist mehr.

Ein guter Text ist ein wirkungsvoller Text

Vergessen Sie nie: Sie schreiben für Leserinnen und Leser! Sie schreiben dafür, dass Ihre Botschaften überhaupt „angelesen" und dann gerne „weitergelesen" werden! Sie wollen mit Ihren Texten etwas erreichen.

Sie wollen aber keinen Literaturpreis gewinnen. Sie möchten nicht mit einem Germanisten (der übrigens selten etwas vom „Verkaufen" und Werbung versteht) diskutieren oder diesen beeindrucken. Sie möchten wahrscheinlich Schreiben nicht zu Ihrem Hauptberuf machen. Ihr Ziel wird es sein, im Rahmen Ihrer – wachsenden – Fähigkeiten gute, verständliche Texte zu schreiben. Texte, die gerne gelesen werden, die ankommen und Ihren Zielen nützen! Und sicher möchten Sie, dass Ihr nächster Text der beste wird, den Sie je geschrieben haben. Ein Nebeneffekt dabei: Sie können künftig besser beurteilen, ob ein Text gut ist oder ob ein professioneller Texter sein Geld wert ist.

Nutzen Sie die Kraft der Worte. Machen Sie mit Worten Musik.

Drei entscheidende Dinge für guten Text

Starten wir jetzt gleich praktisch und fassen in kurzer Form die Dinge zusammen, die Ihnen die schnellsten Erfolge bringen. Eine kurze Bemerkung vorweg: Schreiben ist nicht gleich sprechen. Doch viele der Impulse können Sie auf gesprochene Sprache, auf Gespräche, Präsentationen und Verhandlungen übertragen:

- treffender, spannender Inhalt

- angemessene Struktur und Dramaturgie

- klare und verständliche Worte und Sätze

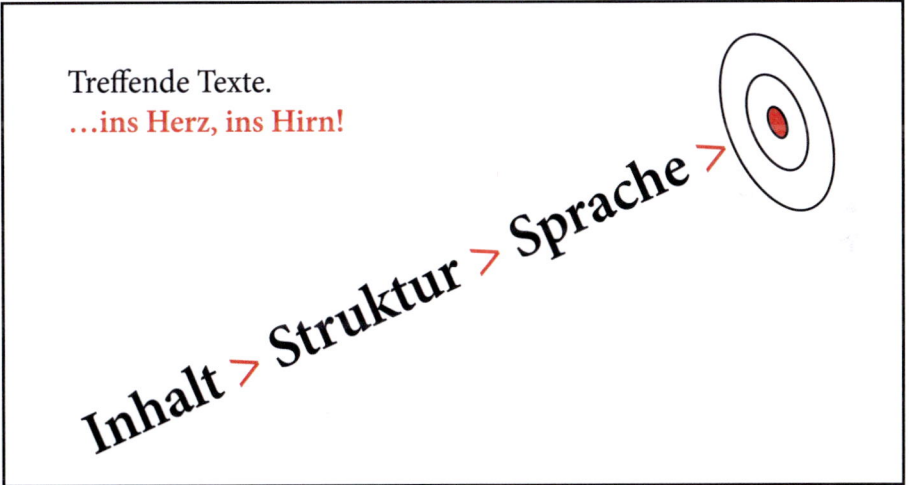

Zu jedem dieser drei Punkte nun gleich mehr.

Treffender, spannender Inhalt

Inhalt ist wichtig, sehr wichtig. Selbst wenn Sie noch so gut schreiben – guter Inhalt ist unabdingbar für einen guten Text. Indem Sie folgende Fragen für sich beantworten, schärfen Sie Ihren Inhalt:

- Aus welchem Grund schreibe ich, was sind meine Ziele? Was soll der Leser konkret tun, was verändert sich für den Leser nach dieser Lektüre?

- Wen möchten Sie ansprechen? Versetzen Sie sich dazu in die Rolle des Lesers. Was interessiert den Leser genau, gehen Sie auf diese Dinge ein. Bauen Sie Brücken, holen Sie ihn ab. Überlegen Sie, welches Vorwissen Sie voraussetzen können und bedenken Sie zugleich, den Leser nicht nur mit Bekanntem zu langweilen. Die Mischung aus Vertrautem und Neuem ist maßgeblich!

- Welcher Stil ist angemessen? Sprechen Sie die Sprache des Lesers, aber ohne sich anzubiedern. Ganz wichtig ist dies, wenn Sie für eine junge Zielgruppe schreiben. Jugendliche erwarten nicht von Erwachsenen, dass diese ihre „coole Sprache" schreiben, im Gegenteil.

- Wie lautet der Kern Ihrer Botschaft, Ihres Inhalts? Um diesem Kern auf die Spur zu kommen, sammeln Sie zunächst ausreichend Informationen zum Thema. Hilfreich sind dazu die bekannten W-Fragen des Journalismus (was, wo, wer, wann, wie, weshalb …). Dann „dicken" Sie diese Informationen auf das Wesentliche ein.

- Welchen Nutzen wird dem Leser geboten? Ihr Leser investiert Zeit und Energie. Machen Sie es ihm so angenehm wie möglich – und bieten Sie ihm schon mit der Lektüre Nützliches als Gegenleistung für seine investierte Lesezeit an.

- In welchem Rahmen bzw. Medium steht der Text? Denken Sie immer an die Lesesituation und Lesemotivation. Versetzen Sie sich in die

Stimmung des Lesers. Es macht einen Unterschied in der Lesemotivation, ob Sie eine Pressemitteilung, einen Anzeigentext, einen humorvollen Text für eine Einladung oder einen Text auf dem Smartphone lesen. Es macht einen Unterschied, ob Sie wenig Zeit haben oder die Muse auf dem Sofa. Finden Sie für den jeweiligen Kontext die passende Textstruktur. Dazu gleich mehr.

Oft ist es hilfreich mit einer Stichwortsammlung oder einem Mindmap zu beginnen, um das Themengebiet klar zu umreißen. In dieser Phase geht es um das Sammeln von Informationen – vergessen Sie aber nicht den Punkt, wo Sie mit dem Sammeln Schluss machen, sonst ufert der Aufwand aus.

Angemessene Struktur und Dramaturgie

Während Sie sich mit dem Inhalt beschäftigen, werden Sie automatisch begonnen haben, den Inhalt zu gliedern. Nun gehen Sie nochmals gezielt über den Inhalt und die Gliederung. Überlegen Sie, wie Sie den Inhalt noch klarer strukturieren können und so die Verständlichkeit optimieren. Hilfreich dazu sind Überschriften, Unterüberschriften und Unterunterüberschriften – aber damit sollte es gut sein. Zu viele Inhaltsebenen sind für werbliche Texte kontraproduktiv, um den Text schlüssig zu gliedern. Gute Überschriften sind eindeutig und/oder spannend formuliert und machen so Lust mehr zu erfahren, weiter zu lesen.

Denken Sie dabei zugleich daran, den Inhalt zu priorisieren, zu werten. Überlegen Sie, was Ihnen und dem Leser besonders wichtig, wichtig, weniger wichtig und unwichtig ist. Das Unwichtige streichen Sie gleich. In dieser Phase geht es darum, Inhalt auszudünnen und auf den Punkt zu bringen. Manchmal werden Sie aber auch merken, dass der Inhalt in bestimmten Bereichen noch zu dünn ist. Dann geben Sie „Butter bei die Fische" und legen für den Leser Wesentliches nach.

Grundsätzlich gibt verschiedene Möglichkeiten, Texte fesselnd zu gestalten:

Möglichkeit 1: Das Wichtigste kommt zuerst!

Sie schreiben Ihren Text in V-Form. Das heißt, die wichtigste Information steht am Anfang, das Unwichtigste am Ende. Im ersten Abschnitt wird die Antwort auf die folgenden 6 journalistischen W-Fragen gegeben:

- Wer?
- Wie?
- Was?
- Wo?
- Wann?
- Warum?

Dieser Stil ist typisch für Zeitungsartikel, Pressetexte und gut fürs Internet. Zwischenüberschriften bringen die Botschaften der einzelnen Abschnitte auf den Punkt. Der Leser kann diese Zwischenüberschriften allein von oben nach unten überfliegen und sich den Inhalt noch schneller erschließen.

Möglichkeit 2: Der Höhepunkt kommt zum Schluss!

Sie schreiben Ihren Text so wie eine spannende Geschichte. Denn Spannung lebt von Kontrasten, von Gegensätzen, von bewusster Dramaturgie. Ein Höhepunkt nach dem anderen ermüdet. Spannung entsteht durch das Spiel mit Höhepunkten und ruhigen Passagen, durch das „Würzen" des Wichtigen mit dem besonders Wichtigen. Denken Sie an sogenannte „Cliffhanger", die das Spannungsniveau hoch halten (Am Ende der Abschnitte wird maximale Spannung aufgebaut. Der Leser liest weiter, weil er wissen möchte, wie es weitergeht, ob der am Fels hängende Held den rettenden Klimmzug schafft). Der Leser fiebert so den Zwischenhöhepunkten und dem Höhepunkt der Geschichte entgegen. Dieser Höhepunkt, die Auflösung, folgt erst gegen Ende der Geschichte. Diese Art, Texte zu strukturieren, eignet sich besonders für längere Texte. Mehr über diese Art, Texte zu schreiben, finden Sie gleich im folgenden Abschnitt über das Storytelling und Storybranding.

Möglichkeit 3: Mischformen

Die Wirkung zählt. So kann es durchaus Sinn machen, erzählerische Textformen mit einem weit gesteckten Spannungsbogen durch kurze Zusammenfassungen zu ergänzen. Ein sogenannter Teaser, der in wenigen Sätzen das Wichtigste auf den Punkt bringt, kann beispielsweise am Anfang längerer Texte stehen und so das Querlesen erleichtern.

Das Querlesen ist ein Angebot an den Leser, ohne viel Zeitinvestition für sich zu entscheiden, ob das Lesen lohnt. Eine Zusammenfassung ist ein Angebot Zeit zu sparen. Zeit als kostbares Gut, fehlende Zeit als Stressfaktor prägt unseren privaten und beruflichen Alltag. Mit dem Gestalten von Texten nehmen Sie darauf Einfluss.

Mehrere Köche verderben den Brei

Auch mehrere Autoren machen eine einheitliche Kommunikationskultur, ein sprachliches Auftreten „aus einem Guss" schwierig. Stimmt das oder bietet sich hier sogar eine Chance für Lebendigkeit und Vielfalt, um unterschiedliche Leser anzusprechen?

 **An was zeigt sich die Kommunikationskultur**

> Wie wirkt es auf Sie, wenn Texte einer Broschüre oder eines Internetauftritts unterschiedliche Stile und Ausdrucksformen haben?

Fakt ist: Wenn mehrere Menschen an einer Aufgabe arbeiten, braucht es Abstimmung und Koordination. Das gilt besonders, wenn mehrere Akteure daran beteiligt sind, Textbausteine für die werbliche oder publizistische Kommunikation zu erstellen. Denn Schreiben, Textgestaltung, trägt immer eine persönliche Handschrift, die nicht einfach aufgegeben werden kann. Diese Handschrift lässt sich nicht verstecken, selbst wenn am Schluss ein

Redakteur oder Autor alle Texte nochmals überarbeitet. Es kommt also darauf an, eine Kommunikationskultur zu entwickeln, die durch einige Regeln Vielfalt und Lebendigkeit zulässt, aber noch den „Stallgeruch" erkennen lässt.

Möglich wird dieses durch die Festlegung:

- der Form, Länge und Struktur der Überschriften und der einzelnen Abschnitte
- das „Wording", also der einheitliche Gebrauch von Begriffen
- Verwendung der gleichen Zeitform
- die gleiche Gesamtstruktur (V-Form, erzählender Stil, Mischformen)

Diese vier Aspekte schaffen eine Klammer, die unterschiedliche Inhalte, Schreibstile und Autoren verbindet.

Klare und verständliche Worte und Sätze

Sie trainieren Schreiben am besten durch Schreiben – und dazu durch bewusstes Lesen. Wenn Sie auf folgende Punkte achten, wird es Ihnen gelingen, schneller (noch) bessere Texte zu schreiben:

Umfang

- Machen Sie sich Gedanken über den Textumfang. Mit der Vorarbeit der zwei Punkte Inhalt und Struktur fällt Ihnen das nun leicht.

Einfachheit

- Kurze Wörter sind besser als lange (Problem klingt besser als Problemstellung), gut klingende Wörter (je vokalreicher umso besser) sind schwierig auszusprechenden Wörtern vorzuziehen. Übrigens: Mit gewöhnlichen Wörtern Ungewöhnliches zu sagen zu können, steht für Qualität. Gerade anspruchsvolle Gedanken können am besten mit einfachen Wörtern ausgedrückt werden. Oft wird mit komplizierten Ausdrücken und langatmigen Erklärungen Kompetenz vorgegaukelt.

- Die Aufgabe des Autors ist es, es dem Leser leicht zu machen. Es ist nicht Aufgabe des Lesers, wie früher im Deutschunterricht oft üblich, komplizierte Texte zu entschlüsseln. Es gibt keinen Schulzwang mehr, der Leser muss nicht lesen!

Schreiben Sie Deutsch mit so wenig Anglizismen, Denglisch und Fremdwörtern wie möglich. Ihre Texte werden verständlicher und klingen besser.

Emotion

- Wählen Sie Wörter, die innere Bilder erzeugen. Abstrakte Begriffe bleiben blass. Werden Sie konkret bildhaft. Schreiben Sie sinnlich. Lassen Sie durch Wörter den Leser sehen, fühlen, riechen, schmecken, hören. Erzeugen Sie Kopfkino. Das gelingt am besten, wenn Sie Ihre eigenen inneren Bilder beschreiben. Schreiben Sie konkret und detailreich (schokobraune Labradorhündin statt einfach ein Hund).

- Wecken Sie Gefühle, erzeugen Sie Spannung, erzählen Sie Geschichten. Emotionen wirken und Emotionen „transportieren" sachliche Daten und Fakten in das Gedächtnis des Lesers. Die Wahrnehmungspsychologie beweist: Nur was uns emotional berührt, hat für uns Wichtigkeit. Verpacken Sie trockenes Fachwissen deshalb angemessen emotional. Eine gute Möglichkeit dafür sind Beispiele und Metaphern. So merken Sie sich sicher gut, woher der Künstlername von Mark Twain kommt. Mark Twain war Flusslotse auf dem trüben, flachen Mississippi. Mark Twain kommt aus der Seemannssprache und bedeutet 2 Faden Tiefe (ca. 3,75 Meter). Mark für das „Fadenmaß markieren" und Twain ähnlich „Twice", bzw. „Two".

Wortwahl

- Die häufige Verwendung von substantivierten Verben schläfert den

Leser ein, bringt ihn in eine Art Trance. Substantivierte Verben werden gerade bei der Induktion von Entspannungsübungen bewusst verwendet (Haben auch Sie schon Angst gehabt? Diese Frage kann jeder bejahen.). Verben dagegen schärfen die Aussage (Ängstigen Sie große Hunde? Hier wird die Antwort schon weitaus differenzierter ausfallen.). Bewusst eingesetzt haben beide Ausdrucksformen eine Berechtigung. In der Regel aber möchten Sie den Leser fesseln und nicht einlullen.

- Nutzen Sie den Reichtum der Sprache an Verben. Wie treffend ist doch der deutsche Begriff Tatwort für ein Verb. Tatwörter erzeugen Spannung und Dynamik (Hier wächst ein Baum, parkt ein Auto statt hier steht ein Baum, steht ein Auto). Unsere Sprache ist oft von einer Armut in der Verwendung von Verben geprägt (Wir können wispern, flüstern, nuscheln, hauchen, explodieren. Und wie oft lesen wir nur „Er sagte …").

- Vermeiden Sie Hilfs- und Modalwerben, schreiben Sie aktiv statt passiv (Warum „Es ist zu beachten" schreiben, wenn auch „Beachten Sie bitte" möglich ist; vermeiden Sie „würde", „könnte", „möchte", „sollte").

- Vermeiden Sie Superlative, sie sind selten wirklich nötig, um die Dramatik der Aussage zu steigern.

- Vermeiden Sie Verneinungen („Kurze Sätze sind angebracht" statt „Es ist nicht angebracht, lange Sätze zu verwenden").

- Sparen Sie mit Adjektiven und Adverbien. Treffende Tatwörter sind die bessere Alternative („Er raste um die Ecke" statt „Er bewegte sich schnell um die Ecke").

- Vermeiden Sie Füllwörter, wenn diese nicht unbedingt nötig sind (manche wie z. B. „insbesondere" sind nie nötig).

Satzbau

- Schreiben Sie klare Sätze. So kurz wie möglich, so komplex wie nötig. Packen Sie Wichtiges in Hauptsätze, Erklärendes, Nebensächliches in Nebensätze.

- Sorgen Sie für Rhythmus und Sprachmelodik. Wechseln Sie zwischen kurzen und längeren Sätzen. Nutzen Sie die Satzzeichen, um den Sprachfluss lebendig zu gestalten (Der Doppelpunkt kann bei Aufzählungen das „dass" vermeiden. Der Strichpunkt kann manches Komma ersetzen.).

- Ein banaler, bekannter Tipp, der leider viel zu selten angewendet wird: Lesen Sie geschriebene Textpassagen laut. Sie spüren intuitiv, was (schon) gut klingt und wo es (noch) holpert. Sie machen es sich einfacher, wenn Sie dazu den Text ausdrucken und im Stehen lesen. Sie bekommen so ein noch besseres Gefühl für die Sprachmelodie und den Ausdruck.

- Erzeugen Sie Spannung durch Ungewöhnliches. Wecken Sie von Zeit zu Zeit den Leser aus der Lesetrance. Setzen Sie bewusst Akzente. Wenn angebracht, bringen Sie ihn auch zum Schmunzeln, Innehalten und Reflektieren.

Wenn Sie nun fast fertig sind mit dem Texten, drucken Sie Ihren Text am besten aus. Und lesen den gesamten Text nochmals im Zusammenhang – und wie Sie wissen am besten laut mit Ausdruck. Korrigieren Sie nicht gleich alles, was Ihnen auffällt. Markieren reicht zunächst vollkommen. Sonst unterbrechen Sie den Lesefluss.

Feinschliff

- Denken Sie immer daran: Die wenigsten Leser müssen lesen. Verstehen Sie Texte als Einladungen. Sorgen Sie dafür, dass sich Ihr Leser auch willkommen und wohl fühlt.

- Wenn die Rohfassung des Textes steht: Kürzen Sie, wo immer möglich. Es ist immer möglich.

- Korrigieren Sie nochmals Schreib- und Grammatikfehler.

- Lösen Sie zu lange Sätze auf. Überlegen Sie, ob nicht manches Komma ein Punkt werden kann. Überarbeiten oder streichen Sie Unverständliches.

- Erkennen Sie Ihre Lieblingsfüllwörter und streichen Sie diese.

- Geben Sie den Text einem Fachmann und einem Laien zum Lesen. Nutzen Sie das unterschiedliche Feedback. Fragen Sie, welches die prägnantesten Aussagen sind. Überprüfen Sie, ob diese Punkte mit Ihren Schwerpunkten übereinstimmen.

- Achten Sie auf Rechtliches. Beispielsweise müssen Zitate genehmigt sein.

- Prüfen Sie die fachliche Richtigkeit.

Zum Schluss:

Irgendwann muss Schluss ein. Ihre Texte sind kein Selbstzweck. 100% Qualität – egal welche Kriterien Sie oder andere auch anlegen – ist weder möglich noch nötig. Es reicht aus, wenn Ihr Text gut ist. Perfekt werden zu wollen, kostet viel Zeit und Energie. Sie erreichen mit 80% genug. Und der gute Text zur rechten Zeit ist besser als der fast perfekte, der zu spät fertig wird. Wie sagte nochmals Michail Gorbatschow:

„Wer zu spät kommt, den bestraft das Leben."

Noch ein interessanter Nachtrag

Es ist spannend, Texte nach der Häufigkeit der verwendeten Wörter zu analysieren. Nach einer Studie lautet die Rangfolge der am häufigsten gebrauchten Wörter in werblichen Texten:

- sie
- wir
- mehr
- uns
- Leben
- ihr
- einfach

Übrigens landet „ich" erst auf dem 21. und „Erfolg" und „Geld" auf dem 77. beziehungsweise 100. Platz. Leser möchten angesprochen werden. Mit kurzen Worten, einfach! Es wird Sie nun auch nicht wundern, warum die folgenden Wörter zu „Klassikern" in Werbetexten gehören. Sie sind kurz, bekannt, klingen gut, wecken positive Assoziationen und Gefühle – haben also emotionale Bedeutung für den Leser.

Spaß, Spiel, Freude, Freiheit, Freunde, Glück, Qualität, Schönheit, Zuhause, Ideen, Liebe, Leidenschaft, Lust, Natur, Partner, Herz, Reisen, Urlaub, Sonne, Meer, Frühling, Sicherheit, Vertrauen, Zukunft, Energie, Genuss, Ziel, erfahren, entdecken, erleben, genießen, freuen, sparen, verwöhnen, frisch, gemeinsam ...

Überprüfen Sie künftig Ihre Texte dahingehend, ob genug „positiv" belegte Wörter für Ihre Leser verwendet werden. Übrigens reagieren auch kritisch eingestellte Menschen auf für sie positiv belegte Wörter positiv. Und selbst Masochisten möchten, dass es ihnen gut geht, vielleicht reagieren sie besonders positiv auf das Wort Schmerz. Jedem das Seine.

Weitere Impulse zum guten Schreiben finden Sie im Anhang.

Vom Storytelling zum Storybranding

Storys, Geschichten werden immer wichtiger in der heutigen Kommunikationsgesellschaft – so wichtig, dass wir sogar zwei Anglizismen in der Überschrift verwenden. Eingedeutscht geht es um Folgendes:

- Es geht darum, „Geschichten zu erzählen". Das ist im Deutschen leider oft negativ belegt. „Der erzählt Geschichten", d. h. er flunkert.

- Es geht darum, „die Marke, die Organisation durch Geschichten zu stärken".

> **ErzählensWert**
>
> **MerkWürdig!**
>
> Storytelling
> Storybranding
> Heldengeschichte

Im heutigen Überangebot der (Werbe-) Botschaften entscheidet der Kunde bewusst oder unbewusst immer mehr, was er hören, sehen, lesen, erleben will. Eine Möglichkeit, diese an für sich „gesunde Werberesistenz" zu umgehen, ist es, spannende Geschichten zu erzählen – denn Geschichten wirken. Eine Maxime für erfolgreiche Kommunikation lautet:

Denken Sie wirkungs- nicht maßnahmenorientiert.

Sorgen Sie für Erlebnisqualität, für Spannung, für gute Geschichten. Wissenschaftliche Untersuchungen belegen: Um Menschen nachhaltig zu berühren und zu überzeugen, sind Geschichten wirkungsvoller als sachliche Argumente. Wer Geschichten erzählt, hinterlässt Spuren in unserer Erinnerung. Die Sehnsucht nach Geschichten ist zutiefst menschlich – vom Märchen der Kindheit bis zu den Bestsellern und Blockbustern heute. Geschichten machen das Leben reicher. Geschichten machen den Inhalt unverwechselbar und dramatisch.

 **Was hat Geschichtenpotenzial?**

Überlegen Sie, welche Geschichte Sie über Ihr Angebot, Ihre Firma, Ihre Organisation erzählen können. Geschichten, die im Gedächtnis bleiben und weiter erzählt werden. Geschichten, die schlüssige Fortsetzungsgeschichten sind. Geschichten, in denen auch Fakten Platz haben und geschickt eingeflochten sind. Ihr Unternehmen, Ihre Organisation gewinnt dadurch unverwechselbares Profil.

Wenn Ihnen das gelingt, betreiben Sie schon „Storybranding". Sie stärken Ihre Bekanntheit, Sie machen Ihre Organisation zur guten Geschichte, zur starken Marke.

 **Reflexion**

Überlegen Sie einmal, welche Menschen und welche Firmen Ihnen im Gedächtnis sind. Es sind sicherlich diejenigen, über die Sie eine Geschichte erzählen könnten.

Die Heldengeschichte gestern, heute und morgen

Geschichten haben seit der Frühzeit der Menscheitsgeschichte eine ähnliche Struktur. Auf was es bei einer gute Geschichte ankommt, hat sich seit dem ersten großen Heldenepos – dem Gilgamesch-Epos der Sumerer vor 5.000 Jahren – wenig geändert. Ein typischer „Heldenmythos" besteht aus den im Folgenden beschriebenen Entwicklungsschritten. Die Hauptperson, der Protagonist, wird so zum Helden, zur Identifikationsfigur.

1. Ruf:
Eine Aufgabe stört die Normalität des Protagonisten und späteren Helden.

2. Weigerung:
Der Protagonist zögert, seine Normalität und Sicherheit aufzugeben.

3. Aufbruch:
Er überwindet sich oder wird gezwungen seine Zögerlichkeit aufzugeben und stellt sich der Herausforderung.

4. Erste Probleme:
Erste Prüfungen stehen an. Der Protagonist hat sein normales Leben aufgegeben. Er ist auf der Heldenreise.

5. Hilfe:
Der Protagonist trifft (unerwartet) auf einen Mentor. Er lernt dazu. Er stärkt sich für Kommendes.

6. Erste Schwelle(n):
Schwere Prüfungen stehen an. Es sind nicht nur äußere Kämpfe, sondern oft Kämpfe gegen innere Widerstände.

7. Entscheidende Prüfung:
Der „Kampf auf Leben und Tod". Diese Prüfung fordert alles ab und kann nur durch das neu Gelernte gemeistert werden. Dieser Kampf muss gelingen, sonst ist der Protagonist gescheitert.

8. Initiation und Transformation:
Der Protagonist geht gestärkt aus dem Kampf hervor. Nun ist er der Held. Zeichen dafür ist der Empfang eines „Schatzes" (Elexier, Weisheit, Liebe, Erfolg …).

9. Rückkehr:
Nach anfänglicher Verweigerung seiner neuen Rolle, kehrt der Held in den Alltag zurück. Dies ist häufig mit Schwierigkeiten verbunden. Er muss erst wieder eine neue Normalität gewinnen.

10. Integration:
Der Held vereint Alltagsleben mit seinem gefundenen „Schatz" und bereichert die Gesellschaft. Er unterstützt die Gesellschaft mit seiner neuen Stärke. Doch die neue Normalität ist niemals mehr ganz die alte. Der Held bleibt immer ein wenig „erhaben".

Das Muster der Heldengeschichte findet sich in klassischen Dramen, in Märchen, in Abenteuerbüchern und in Actionfilmen wieder. Elemente von Heldengeschichten lassen sich aber genauso im Storybranding bekannter Firmen und Organisationen wie z. B. Greenpeace, Ärzte ohne Grenzen, Apple, Facebook und Ikea finden. Storybranding erhöht die Bekanntheit vieler Persönlichkeiten. Was wäre ein Lagerfeld ohne seine Handschuhe, Udo Lindenberg ohne Hut? Was wäre Nelson Mandela neben all seiner Bedeutung ohne die Geschichte seiner Inhaftierung?

Bleiben Sie ehrlich

Erzählungen verführen. Sie verführen auch, es mit der Wahrheit nicht so genau zu nehmen, wenn dadurch die Dramatik steigt. Bedenken Sie aber: Wenn es um Storybranding geht, sollten Sie beim Kern der Wahrheit bleiben. Sonst werden Sie zum Märchenerzähler, dem irgendwann die Wahrheit auf die Füße fällt. Vertrauen geht verloren. Auch das hat Geschichtenpotenzial! Es wird dann aber keine gute Geschichte mit Happy End für Sie, Ihre Firma oder Ihre Organisation.

Texten fürs Internet

Nutzen Sie das Potenzial des Internets

Das Internet wird ein immer wichtigeres Medium um mit Ihrer Zielgruppe in Kontakt zu kommen und mit Ihren Kunden und Geschäftspartnern zu kommunizieren. Dabei lebt das Internet vom Inhalt, vom sogenannten Content, vom Text. Aber …

> *Im Internet werden Texte nicht nur für Leser, sondern auch für Suchmaschinen geschrieben.*

Suchmaschinen setzen sogenannte „Robots" ein, die Texte automatisch durchsuchen und diese nach Relevanz bewerten. Diese Maschinen verstehen nur Texte. Sie „lieben" (wie der Leser auch!) aktuelle und wertvolle Informationen. Relevanter Content heißt aus der Sicht der Suchmaschinen – neue Texte, neue Texte und nochmals neue Texte. Robots durchsuchen statische Seiten (Seiten, die nicht so oft verändert werden), die Artikel des Newsbereiches, die Navigationsmenüs, die Überschriften und Unterüberschriften, die PDF-Dateien, die Bildlegenden, die Dateinamen, die Meta-Informationen, die Keywords bzw. Schlagworte etc.

Vergessen Sie auch nicht die Metainformationen, Beschreibungen und Verschlagwortung Ihrer Grafiken, Fotos und Dokumente: Über die Bildersuche von Google kommen viele Leser auf Ihre Seite.

> *Texte in maschinenlesbarer Form entscheiden über die Sichtbarkeit Ihres Webauftrittes*

Doppelter Content schadet dem Erfolg

Als Suchmaschine hat zum Beispiel Google in den letzten Jahren einen überaus leistungsfähigen Algorithmus entwickelt. Dieser erkennt doppelte

Inhalte (Duplicate Content) messerscharf und belegt die betreffenden Webseiten sofort mit Nichtbeachtung. Gehen Sie sorgsam mit den veröffentlichten Texten um. Exklusive eigene Texte genießen den Vorrang. Wenn Sie Texte aus anderen Quellen übernehmen müssen, schreiben Sie die Texte um. Bei Zitaten begrenzen Sie die Textmenge auf ein notwendiges Maß und kennzeichnen die Quellen. Weniger ist mit Blick auf mögliche Probleme eher mehr. Berücksichtigen Sie das Urheberrecht an Texten. Sie vermeiden damit Unannehmlichkeiten wie Abmahnungen und ähnliche Schwierigkeiten.

Jeder Artikel hat ein eindeutiges Thema

Geben Sie jeder Webseite (jedem Artikel) für sich ein klar umrissenes Thema. Statt das Thema eines Fachbuches in einem einzigen Artikel abhandeln oder darstellen zu wollen, teilen Sie den Inhalt in mehrere Artikel, gern auch in eine Artikel-Serie. Jeder Artikel hat seinen eigenen Titel und verfolgt thematisch sein eigenes Ziel. Möchten Sie ein sehr umfangreiches Thema abhandeln, dann stellen Sie diesem Text eine eigene Seite vor. Diese Seite dient dann als Sprungverteiler zu entsprechenden Unterseiten. So eine übergeordnete Seite enthält Links, die gezielt im Text platziert werden, um zu den Unterseiten zu führen.

Die Übersichtlichkeit der Website wird dadurch gewinnen.

Wie viel Text braucht ein guter Artikel, eine gute Seite?

Auf einer Webseite ist eine zu kleine Textmenge ebenso schädlich wie ein zu langer Text. Sorgen Sie dafür, dass der „inhaltliche Text" deutlich länger ist als der Text in der Navigation und in anderen Seitenelementen.

Eine geringe Textmenge hat für Suchmaschinen keine Relevanz. Eine Mindestlänge von 200 bis 300 Wörtern ist erforderlich. Optimal sind bis zu 1000 Wörter. Darüber leidet die Benutzerfreundlichkeit beim Scrollen und Lesen am Bildschirm. So sollten Sie Texte über 1000 Wörter besser auf mehrere Seiten aufteilen. Ausnahmen bestätigen die Regel. Möchten Sie viele Abbildungen verwenden, müssen Sie weitere Dinge beachten – dazu später mehr.

Der richtige Mix macht einen guten Content

Schreiben macht Aufwand. Diesen Aufwand können Sie reduzieren, wenn Sie strategisch vorgehen. Sorgen Sie für:

- abwechslungsreiche inhaltliche Schwerpunkte
- einen festen (wöchentlichen) Rhythmus von Veröffentlichungen
- den Wechsel von unterschiedlich langen Artikeln und kurzen News
- die Mischung von interaktiven Elementen (z. B. Umfragen etc.) mit Berichten
- im Rhythmus eingeschobene Sonder-Artikel-Serien
- Links und Linkbuilding im vernünftigem Maß

Ihr Content soll natürlich wachsen und authentisch sein. So wird Ihr Webauftritt glaubhaft und attraktiv für den Leser, um immer mal wieder „vorbeizuschauen". Ihre Webseite spiegelt durch den Content-Mix die Aktivitäten Ihrer Organisation. Auch die Suchmaschinen-Robots erkennen zwischenzeitlich, ob Ihr Content und damit die Verlinkung natürlich wächst! Je transparenter und glaubhafter Sie kommunizieren, umso leichter wird es gelingen, über das Internet Kontakte zu Ihrer Zielgruppe zu knüpfen. Übrigens ist Transparenz ganz besonders im „Krisenfall" wichtig oder wenn Ihre Organisation aus welchen Gründen auch immer in die Schlagzeilen gerät. Transparenz bietet die Chance, den Vertrauensverlust in Grenzen zu halten.

Welche Veröffentlichungsfrequenz ist sinnvoll?

Am besten ist ein kontinuierliches Veröffentlichen. Um Aktualität zu wahren, ist das Veröffentlichen von mindestens 2 Artikeln pro Woche sinnvoll. Dabei gilt: 10 Artikel verteilt über den Monat veröffentlicht sind besser als 10 veröffentlichte Artikel an einem Tag des Monats. Ein modernes Content-Management-System macht dieses automatisch für Sie. Sie schreiben, wann Sie Zeit haben und das System veröffentlicht zum gewünschten Termin.

Je öfter Sie veröffentlichen, umso schneller werden Ihre Artikel auch in den Suchmaschinen gelistet.

Webseiten mit aktuellem, neuem Content werden von den Suchmaschinen-Robots (verantwortlich für die Indizierung, d. h. Sichtbarkeit neuer Seiten) bevorzugt besucht und schneller aufgenommen. Als „guter Kunde" der Suchmaschinen werden Ihre Webseiten (nach einiger Zeit) auch besser in den SEPRs platziert. Ein gutes CMS unterstützt diesen Prozess pro-aktiv und informiert bei der Veröffentlichung automatisch die Suchmaschinen (-Robots) über den neuen Content.

Benutzer lesen sich skimmend durchs Internet

Lesen im Internet heißt oft, Texte zunächst zu überfliegen. Man nennt dieses schnelle Überfliegen auch „Texte scannen". Mehr Informationen nimmt der Leser durch das sogenannte Skimming (skim = abschöpfen) auf. Hier geht es um möglichst effizientes Informieren, ohne Wort für Wort zu lesen. Detailgenau lesen Besucher nur, wenn Ihr Interesse stark geweckt ist. Texte im Internet sollten so strukturiert sein, dass sowohl scannen, skimmen als auch intensives Lesen möglich ist. Denken Sie an unterschiedliche Leser und Lesesituationen. Machen Sie es passend für Ihre Zielgruppe.

Einfache und prägnante Texte schreiben

Schreiben Sie für Ihre Zielgruppe besonders einfache und prägnante Texte. In den meisten Fällen ist die KISS-Regel (Keep it simple and stupid) für erfolgreiche Werbung im Internet angebracht. Schreiben Sie Texte, die auch ein 12-Jähriger versteht. Das heißt aber nicht, dass Sie auf inhaltliche Qualität verzichten sollen und müssen. Es geht nur um die einfache verständliche Formulierung.

Quälen darf sich der Autor beim Ringen um die richtige Formulierung, aber nicht der Leser.

Überzeugung und Verkauf

Dieses Thema ist so wichtig, dass es unbedingt zu diesem Leitfaden gehört. Es geht um die grundlegenden Prinzipien jemanden zu überzeugen.

Seien Sie ehrlich:

Sie wollen Texte schreiben, die Menschen beeinflussen.

> Welche **WORTE** wirken?
> Was kommt wirklich an?
>
> Ein wenig
> Werbepsychologie

Denken Sie bitte stets daran: Worte, Gestik, Bilder, Gerüche und Töne haben Macht.

Es ist ähnlich wie beim Gebrauch eines Messers. Sie entscheiden, ob Sie Fesseln oder Kehlen durchschneiden, ob Sie ein Brot schneiden und mit nahrhaftem Aufstrich schmieren.

Gute Texte auf der Grundlage der Werbepsychologie sind scharfe Waffen der Einflussnahme. Verkauf ist angewandte Psychologie des Überzeugens. Sie tragen die Verantwortung dafür, welche Mittel Sie für welchen Zweck einsetzen. Wissen ist Macht. Wenn Sie die folgenden neun Wirkmechanismen kennen und nutzen, werden Sie überzeugender. Garantiert! Zugleich werden Sie besser verstehen, wie und wo Sie selbst manipuliert werden.

Die Psychologie der Einflussname und Manipulation

Menschen werden beeinflusst oder manipuliert durch folgende Dinge:

1. Sympathie
Sympathie zeigt sich durch: körperliche Attraktivität, Geruch, Vertrautheit, Ähnlichkeit, Faszination. Psychologischer Hintergrund: Wer sympathisch ist, ist glaubhaft. Vertrauen zu einer Person wird auf das Vertrauen in ein Produkt übertragen. Beispiele: Werbung mit Sympathieträgern, Empfehlungsmarketing.

2. Macht
Macht zeigt sich durch: Symbole der Macht, wie Kleidung, Titel, Autos, Uhren, Muskeln, Geld u. Ä. Psychologischer Hintergrund: Macht zieht an, Mächtigen wird gefolgt. Mächtige haben ein hohes Überzeugungspotenzial. Beispiel: Werbung mit erfolgreichen Menschen, die es geschafft haben; Werbung mit Menschen, die Besonderes geleistet haben.

3. Verknappung
Verknappung wird genutzt durch: Taktik der kleinen Menge, Taktik der Frist, Taktik der Exklusivität (können auch Informationen sein). Psychologischer Hintergrund: Seltenes ist wertvoll. Mangel und Verknappung drängt zur schnellen Entscheidung. Dabei gilt: neu „verknappt" löst einen stärkeren Impuls aus als schon immer knapp. Beispiele: Sonderangebote, Abverkauf von Einzelstücken, nur saisonal erhältlich.

4. Wettbewerb
Wettbewerb zeigt sich durch: vergleichende Aktionen, ringen um Besitz, Status und Macht. Psychologischer Hintergrund: Gewonnener Wettbewerb (bei wettbewerbsorientierten Menschen noch stärker) fühlt sich gut an. Wettbewerb fokussiert, ist spannend, berührt emotional. Beispiele: schnelleres Auto, leistungsstärkeres Produkt, Megaevents, Extremsport, Haltung des immer höher, schneller, weiter.

5. Soziale Bewährtheit/Akzeptanz

Soziale Bewährtheit und Akzeptanz zeigt sich durch: Nachahmung, Sicherheitsbedürfnis. Psychologischer Hintergrund: Bewährtes steht für Sicherheit. Entscheidungen der Mehrheit werden schon richtig sein. Erlebte Gemeinschaft stärkt, schafft sichere Beziehungen. Beispiele: Markenartikel, Referenzwerbung.

6. Commitment und Konsistenz

Commitment und Konsistenz zeigt sich durch: Verpflichtung, Festlegung, Verlässlichkeit. Psychologischer Hintergrund: Sein Wort geben und halten ist eine allgemein akzeptierte Tugend. Einmal getroffene Entscheidungen werden häufig wiederholt und verteidigt. Beispiele: Vorvertrag, Parteizugehörigkeit, Stammkundenaktionen.

7. Reziprozität

Reziprozität (Prinzip der Gegenseitigkeit) zeigt sich durch: Gegenseitige Abhängigkeit. Wie du mir, so ich dir. Gibst du mir, geb' ich dir. Psychologischer Hintergrund: Geben und Nehmen stabilisiert und festigt Beziehungen. Beispiele: Gegengeschäfte, Rabatte, Kundengeschenke.

8. Wahrnehmungskontrast

Wahrnehmungskontrast zeigt sich durch: Vergleiche – Halsschmerzen sind angenehm im Vergleich zum Herzinfarkt. Sportfelgen sind günstig im Vergleich zum Gesamtpreis des Fahrzeuges. Psychologischer Hintergrund: Entscheidungen brauchen Maßstäbe, nach bestem Wissen getroffene Entscheidungen fühlen sich gut an, erst der Vergleich macht Relatives konkret. Beispiele: Gegenüberstellungen von Produkteigenschaften, gezielte Preisvergleiche.

9. Spannung/Relevanz

Spannung und Relevanz zeigt sich durch: Emotionalität, Sensationen, Sinnliches, Ungewöhnliches, Herausragendes. Psychologischer Hintergrund: Wer überzeugen und auffallen möchte, muss emotional kommunizieren. Beispiele: Storytelling, Event- und Sportmarketing, ungewöhnliche (Medien)Auftritte. Erfolgreich Gespräche führen.

Es geht immer nur um Beziehungen

Wer schreibt, möchte eine Beziehung zum Leser aufbauen und Beziehungen festigen. Aber es geht nicht nur um diese Art der Beziehungen! Denken Sie deshalb, wenn es um werbliche Texte geht, an die verschiedenen Möglichkeiten der Beziehungsfähigkeit. Ihre Texte können auch andere Beziehungen beschreiben, die insgesamt dazu beitragen, Ihre Sache ins rechte Licht zu rücken:

- die Beziehungen zwischen Verkäufer und Kunde

- die Beziehungen der Menschen im Unternehmen

- die Beziehungen der Kunden und Interessenten untereinander

- die Beziehungen des Verkäufers und Mitarbeiters

- die Beziehungen zu den Produkten/Dienstleistungen sowie zum Unternehmen bzw. zu der Organisation

- die Beziehungen des Kunden und Interessenten

Beziehungen sind eine andere Form der Identifikation mit bestimmten Dingen. Wer sich mit Dingen und Haltungen identifiziert, verleiht diesen Dingen und Haltungen einen besonderen Wert. Diese Bindungen sind der Grund für langjährige, stabile Kundenbeziehungen.

Fazit

Nun haben Sie einiges über die „Zutaten" für gute Gestaltung erfahren und wie und warum diese Zutaten wirken. Mit guten Bildern und einem guten Inhalt haben Sie die besten Voraussetzungen, Medien gut zu gestalten, Menschen für Ihre Sache zu gewinnen.

Es ist ähnlich wie beim Kochen: Ohne gute Zutaten kann ein Gericht weder gut schmecken noch bekömmlich sein. Im Leitfaden 4 geht es dann um die Details der Zubereitung und das perfekte Servieren. Wohl bekomm's!

Weiterführende Informationen

Lesenswerte Bücher

Kommunikation, Werbung allgemein
Erfolg in Balance
Siegfried Bütefisch, Viola Michaelis
Cornelsen

Umgang mit Schrift
Schrift wirkt! Einfache Tipps für den täglichen Umgang mit Schrift
Jim Williams, Gesine Hildebrandt
Verlag Hermann Schmidt Mainz

Ratgeber Typografie
Erste Hilfe in Typografie: Ratgeber für Gestaltung und Umgang mit Schrift
Hans Peter Willberg, Friedrich Forssmann
Verlag Hermann Schmidt Mainz

„Der große Fotokurs: besser fotografieren lernen"
Jacqueline Esen
Galileo Design

„Deutsch für junge Profis"
Wie man gut und lebendig schreibt
Wolf Schneider
Rowohlt

„Die 50 Werkzeuge für gutes Schreiben"
Handbuch für Autoren, Journalisten, Texter
Roy Peter Clark, Kerstin Winter
Autorenhaus Verlag

Interessante Weblinks

Internet-Design-Community zu Schrift und Typografie
www.typografie.info

Einfache und kompakte Erklärungen rund um Typografie
www.typefacts.com/

Lexikon
www.typolexikon.de/

Weitere Leitfäden dieser Reihe:

Auffallen, informieren,
überzeugen und bewegen

Mit guten Ideen und
Strategie zum Werbeerfolg

Das 1x1 guter Gestaltung:
Schwerpunkt Druckmedien

Erfolg im Internet
und in digitalen Medien

Wirkung potenzieren
durch Werbemix

Kunden, Unterstützer und
Sponsoren gewinnen